東西学術研究所研究叢書第3号
非典籍出土資料研究班

中国周辺地域における非典籍出土資料の研究

玄　幸子　編著

関西大学東西学術研究所

はじめに

主幹　玄　　幸子

非典籍出土資料というと一般的には書物以外の発掘により見出された金石碑文といった資料のみをイメージするかもしれない。が、本研究班では対象とする資料の大きな柱として敦煌文献をおいていることをまずお断りしておきたい。敦煌文献とは言うまでもなく敦煌莫高窟で発見され20世紀初めに世界に広く知られることとなり、その後「敦煌学」という学問分野まで形成するに至った膨大な原資料の宝庫である。もちろんその中には正当な「典籍」資料も含んでいるのだが、その大多数が写本である点において、公から個へ、ひいては主から亜へ、場合によっては正から俗へと資料の性質に変化が加わる。そこでいわゆる伝世資料ではない「非典籍」資料という位置づけとなる。また、敦煌文献の発見がまさしく周辺地域出土資料研究を促進させた契機の一つである点も見逃せないだろう。

この点を踏まえたうえで、本研究班のテーマは中国本土の周辺地域で発見された非典籍出土資料の調査・分析を通じ、歴史・文化・言語の諸相を復元することとしている。本書には、森部、篠原、高田、玄の4名の研究員の外、研究期間中に非常勤研究員として参与していただいた岩尾、山本の2名の研究員にも原稿を寄せていただいた。両氏とも各研究分野で先陣を切って活躍する第1人者である。掲載の論攷を順に紹介すると、まず、高田論文では、敦煌本の分析を通じて『玉篇』『切韻』という伝世韻書の同時代のバリエーションを示したうえで、『俗務要名林』『字寶（碎金）』など俗用辞書の実際が明確に記述されている。篠原研究員は南山新城碑冒頭文を整理解釈し、その歴史的背景と意義を踏まえ、史料に現れる『新羅法』について特に「教」「教事」などをキーワードにして考証した。岩尾一史氏は、比較的新しい研究分野である古代チベット語金石文について現地調査で得た写真資料を提示しつつ詳細にまとめ概説してくれた。山本孝子氏の研究テーマは書儀であるが、今回はS.4571vを分析対象とし、特に凶儀での物品の授受に着目し検討している。森部研究員は朝陽発見の孫氏四墓誌をとりあげ、孫氏の系列を整理再現し、この一族が契丹人であったと結論づけているが、考証の過程で併せて懐遠府について詳細に検討を加えている。最後に拙論であるが、本学図書館に所蔵される内藤文庫の中から敦煌学に関する資料について整理確認作業を進める中で湖南一行の欧州での調査の実際を資料接合の観点から見ようと試みたものである。以上6本の論攷は、いずれもこのテーマに即して各研究員が3年の研究期間内で取り組んできた成果を反映し、今回新たに書き下ろしたものである。各論攷とも今後の研究を牽引する大きな契機となるだろうと自負している。

最後に研究班の活動を簡単に紹介しておく。2013年度から2015年度の3年間で研究例会を都合7回開催した。そのうち数回は国内外から各分野で顕著な業績を上げておられる関連の研究者をお招きして講演を拝聴する機会を得た。さらに、京都大学人文科学研究所主催の敦煌学国際学術研討会KYOTO 2015に共催機関として参与したが、これは、科学研究費・基盤A「中国典籍日本古写本の研究」(代表　高田時雄 H25-29)と連携して進めた成果である。科研費については、森部豊研究員も挑戦的萌芽研究「「農業・牧畜境界地帯」から構築する新しいユーラシア史像の試み」(H24-25)を獲得している。

また研究成果として、玄幸子・高田時雄編著『内藤湖南敦煌遺書調査記録』(関西大学東西学術研究所資料集刊34 関大出版 2015)、森部豊編『ソグド人と東ユーラシアの文化交渉』(勉誠社出版　2014)、森部豊著『安禄山――「安史の乱」を起こしたソグド人』(山川出版　2013)などの編著書のほか、多数の論文および学会発表の実績があるが、併せての御高覧を請う。

2017年1月25日

中国周辺地域における非典籍出土資料の研究

目　次

字書韻書の發展から見た唐代言語文字の雅俗問題

高　田　時　雄

はじめに

“雅俗”とは、いわば文雅と卑俗のような對概念であると規定することができようが、雅と俗とのあいだの境界は必ずしも明瞭でなく、しかも時代により遷移する性質をもっている。さらには同じ時代、同じ地域であっても、雅俗の概念は個人の感性によってそれぞれ異なることも大いにあり得る。このように雅俗はかなり曖昧な概念というほかなく、使用者の社會背景の影響を受けやすいものである。

“雅俗”はまた“官民”のような概念とも通じるところがある。官を以て貴しとなすのは、中國では古くからの傳統であったから、官の認めた言語文字が“雅”であり、一般に民間のそれは“俗”なるものとして貶められるのが普通であった。字書や韻書などの著作には、一定の權威ある規範性が求められるため、官の認可があってはじめて廣く世に流布することが可能となる。したがってある種の保守性を帶びることもまた仕方ないことであった。そしてこの種の廣く行われた辭書はおおむね保守的であるが故に、新しい世の流れをいち早く反映する通俗言語から乖離することになる。

1　篇韻──『玉篇』と『切韻』

中國の歴史上、もっとも代表的な辭書と言えば、字書としては『玉篇』、韻書では『切韻』であることは大方の意見の一致するところであろう。あわせて「篇韻」と稱され、その通行は廣範かつ長期にわたっていた。いま唐代におけるこの二つの書物の樣相を見てみよう。

『玉篇』の成書年代については、宋本すなわち大廣益會本に「大同九年（543）三月二十八日、黃門侍郎兼太學博士顧野王撰本」とあるものの、『陳書』本傳に見える官歴や年齢などから、異論も多い。ただ六世紀半ばに成立していたことは間違いない。一方の『切韻』は、その編者陸法言の序末に「于時歳次辛酉大隋仁壽元年」とあって、この書が西暦601年の成立であることは諸家の見解の一致するところである。本來、書物の體例を異にし、編纂の目的も異なるこの二書は、唐末ごろからセットとして通行していた。とりわけ印刷が行われるようになると、その傾向が一層大きくなった。日本の眞言入唐僧宗叡の『新書寫請來法門等目録』は將來目録として著名だが、その末尾近く雜書を列擧した中に「西川印子唐韻一部五卷」と「同印子玉篇一部三十卷」が見えているのは[1)]、早く禿氏祐祥氏に指摘がある[2)]。宗叡の目録中、唐韻及び玉篇を含む雜書部分は、宗叡の跋文に說明されるごとく、唐の咸通六年（865）六月から十月にかけて、長安城右街西明寺にあった日本留學僧圓載が搜求したものであった。咸通年間といえば、現存最古の紀年を有する印刷物として名高い敦煌發見の『金剛經』（大英圖書館所藏）が、やはり咸通九年の刊行であったことが想起される。木版印刷のごく初期から、「篇韻」は標準的な辭書として廣く流布していたのである。宗叡の後にも、印刷された「篇韻」は日本に舶載されている[3)]。

『續資治通鑑長編』によれば、太宗の太平興國二年（977）五月丁亥すでに「詔太子中舍陳鄂等同詳定玉篇切韻」とあって[4)]、『玉篇』と『切韻』を同時に校訂せしめているから、「篇韻」をセットとして扱う傾向は宋代に入ってますます顯著になり、ついには國家認定の辭書となったものと認められる。

2 『玉篇』の改編

顧野王の『玉篇』は、成書後間もなく、詳細な部分と簡略な部分のバランスが悪いというので、梁の太宗（簡文帝）が蕭子顯の子愷に刪改を命じたと記録されている[5)]。とすれば現在日本に殘る原本『玉篇』も、蕭愷による改訂本であって、顧野王の原撰でない可能性もあるが、判斷の材料もないので、いまは立ち入らないことにしよう。いずれにせよ原本『玉篇』は三十卷からなる浩瀚な著作で、その註釋には多くの典籍が引證され、後の大廣益會本に比べれば、ほとんど別個の書物と言ってよいほどである。

唐代前後三百年のあいだに、『玉篇』はさまざまな改編を受けた。その最初は上元元年（674）の孫強による增字であって、大廣益會本の卷首に“唐上元元年甲戌歳四月十三日南國處士富春孫強增加字三十卷”と述べる通りである。その後に“舊一十五萬八千六百四十一言、新五萬一千一百二十九言、新舊捴二十萬九千七百七十言（注四十萬七千五百有三十字）”と字數が注記されているが、この字數のうち「舊」というのは、孫強增字本の大字と注文を合わせた數であり、「新」というのは陳彭年等が大廣益會本を編纂したときに增補した字數で、やはり注文もその數に含まれている。結果として、大廣益會本では字數が合計で二十萬九千七百七十になった。最後に割注として四十萬七千五百有三十字を擧げるのは、顧野王原本の字數であり、さればこそ三十卷という大きな書物であった。これは楊守敬が日本で原本『玉篇』を目睹したことで、はじめて導き出した結論であるが[6)]、それ以前にはこれら字數の關係は必ずしも明かではなく、顧野王原本の注文が簡單で、孫強や陳彭年の注文のほうが多かったと考えるものさえあった。ともあれ現在では、孫強增字というのは、掲出字についてのみの增加であって、注文は大幅に省略されてしまったことが明らかになっている。

ちなみに孫強の上元增字本はすでに失われたものと考えられていたが、近年その書が完全なかたちで金代の邢準『新修絫音引證群籍玉篇』中に保存されていることが明らかとなった[7]。この書の卷首にも“唐上元元年甲戌歳四月十三日南國處士富春孫強增加字”と題してあるが（圖一)、その字數が大廣益會本と異なっているのは、はなはだ興味深い。ここでは“二萬二千八百七十二言、注一十八萬六百四十字”となっているのである。これを合計すると二十萬三千五百十二字となって、楊守敬が孫強增字本の總數と考えた舊一十五萬八千六百四十一言よりかなり多くなる。唐代に行われた『玉篇』は名稱に孫強增字本を掲げていても、實際の收録字數や注文には相當に大きな違いがあったものと考えねばならない。

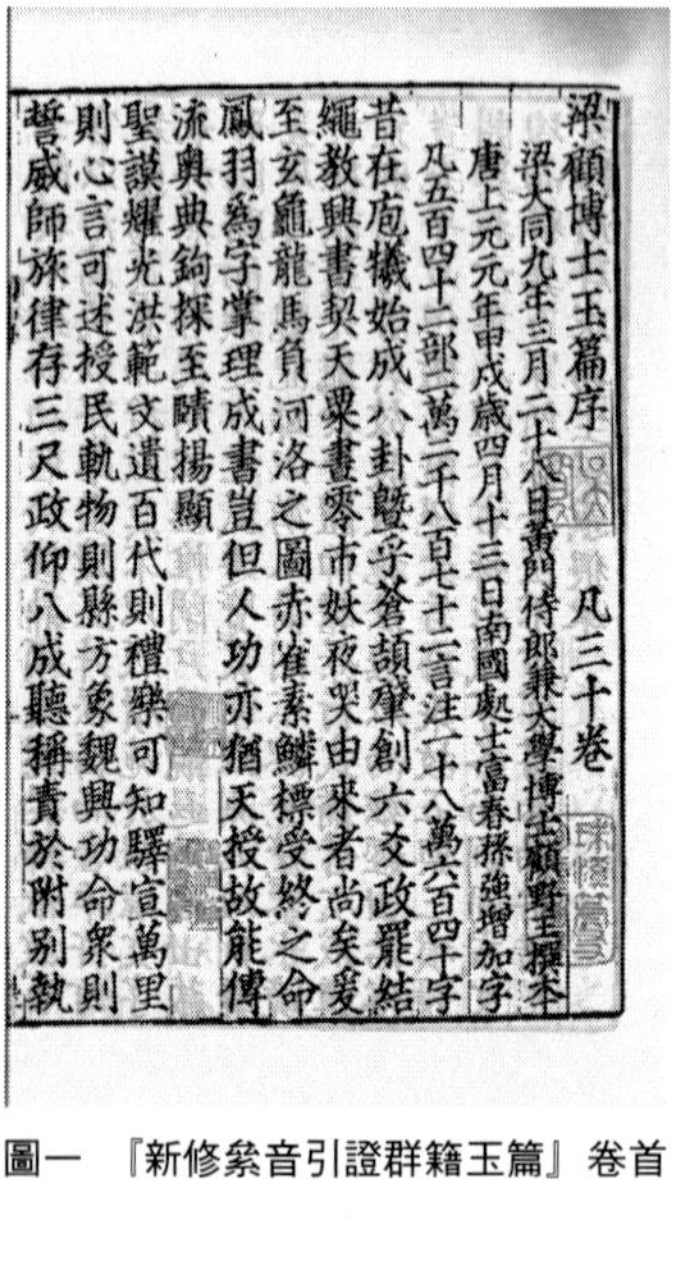

圖一 『新修絫音引證群籍玉篇』卷首

また先に楊守敬が原本の字數であると見なした四十萬七千五百有三十字にしても、根據はよくわからない。陳彭年等がこの字數を注記できたのは、何らかの傳承に據ったものであろうか、あるいは顧野王原本が存在していて、その字數を數えたものであろうか。後者の可能性は低いであろう。日本現存の原本『玉篇』は全體の一部のみしか傳えないが、高山寺と石山寺の所藏をあわせると一卷全部が殘っている卷二十七の字數を基準にして、全三十卷の字數を計算すると七十萬字以上にもなることからしても、大廣益會本にいう四十萬なにがしの字數は、楊守敬が考えたほど單純ではないように思われる。唐代の『玉篇』には繁簡さまざまなものがあったことが推測されるのである。それら諸本には、利用者の要望に應じて、さまざまな改編がなされたものが含まれていたであろう。それは正に雅俗の問題に即應している。

孫強による增字删注本（上元本）は、そういった唐代『玉篇』の一側面を現している。字數の增加は社會の要求に應じるものとして不可避であった一方、原本『玉篇』のような繁瑣な注文はもはやすでに社會の支持を得られなくなっていた。『日本國現在書目録』「小學家」には、『玉篇』卌一卷以外に、『玉篇抄』十三卷が見えるから、簡略本の存在していたことがわかるが、これが中國でなされたものか、日本人の手になるものかは明かではない[8)]。

ともあれ唐代の『玉篇』の實際を知るうえで貴重な材料は、敦煌本『玉篇』であろう。敦煌遺書中には、ロンドン、サンクト・ペテルブルグにそれぞれ斷簡の存在することが知られていて、筆者はそれらにつき簡單な報告を行ったことがある[9)]。さらに最近になって、第三の斷簡がかつて北京蒐集中にあったことが判明したが、原寫本は現在所在不明である[10)]。實はこれら三つの斷簡は所藏地が異なるものの、元はすべて同一の寫本から分離したものであることが分かっている[11)]。したがって敦煌遺書中の『玉篇』は一つのテキストしか存在しない。とはいえ、これらの斷簡によって、唐代『玉篇』の樣相を窺い得ることは幸いと言わねばならない。

では敦煌本『玉篇』はどのような特色をもっていたであろうか。ごく一部の斷簡しか殘されていないため、增字本であるか否かは不明だが、原本と同樣、經書などの古典から詳しい典據を示すことからすれば、孫強の上元本のように注文を大幅に省略した删注本でないことは明かである。ただ、個々の出典書名などは省略されているうえ、字音の表記は、反切ではなく、直音に換えているのも注目される。全體として原本に近い姿を留めているものの、少なからぬ改編もなされているわけで、ここに一定の通俗化を觀察することは不可能ではない。

もと梁代の顧野王が編纂した原本『玉篇』は、個々の收録文字に對して豐富な典據に基づく注釋を具えた浩瀚な著作であったが、唐代において、孫強の上元本以來、文字數を增化させる一方で、繁雜な注釋を省略するという、增字刪注の路線で改編が進められたことは確かである。ただ改編には、時として樣々なやり方があり、敦煌本のようなかたちもまたあり得たのである。時代に即した通俗化も、現實には對應が區々であったというべきか。

3 『切韻』の發展

一方、『切韻』の發展はどのような方向に進んだであろうか。そもそも『切韻』は韻書であり、一東に始まる各韻中に同音の文字を排列することで、作詩に際して押韻字を選び出すための參考とするのがその役割であって、各字の意味を注記することは言わば餘計な事柄である。そのため陸法言の原本『切韻』では、義注はきわめて簡單で、時にはわずか一字であることも少なくない。例えば、P3695 などを見れば、それがよく分かる（圖二）。

ただ唐代には、さまざまな『切韻』の異本が出現した。『舊唐書』經籍志、『新唐書』藝文志には、陸慈（法言）の『切韻』しか擧げていないが、『日本國現在書目録』には陸法言をはじめとして十六家の『切韻』が著録されており、また菅原道眞の父菅原是善が編纂したとされる『東宮切韻』には、十三家の『切韻』が用いられていた[12)]。以下にそれらを對照させて掲げることにする[13)]。わけても『東宮切韻』所據の十三家の多くには編纂年代が注記されており貴重である。

日本國見在書目録	東宮切韻十三家
切韻五卷　陸法言撰	陸法言隋 仁壽元年（601）
同　五卷　王仁煦撰	王仁昫
同　十卷　釋弘演撰	尺氏
同　五卷　麻杲撰	麻杲 唐神龍元年（705）
同　五卷　孫愐撰	孫愐 唐開元廿一年（733）
同　五卷　孫伷撰	孫伷 唐開元
同　五卷　長孫納言撰	長孫納言 唐儀鳳二年（677）
同　五卷　祝尚丘撰	祝尚丘 唐天寶八載（749）
同　五卷　王在蓺撰	王存乂* 貞元十七年（801）
同　五卷　裴務齊撰	
同　五卷　陳道固撰	
同　五卷　沙門清徹撰	沙門清徹 天寶元年（742）
同　五卷　盧自始撰	虚自始* 未見可尋
同　五卷　蔣魴撰	蔣魴* 唐元和十三年（818）八月十三日
同　五卷　郭知玄撰	郭知玄
同　五卷　韓知十撰	韓知十
	武玄之
	薛峋

圖二　P3695

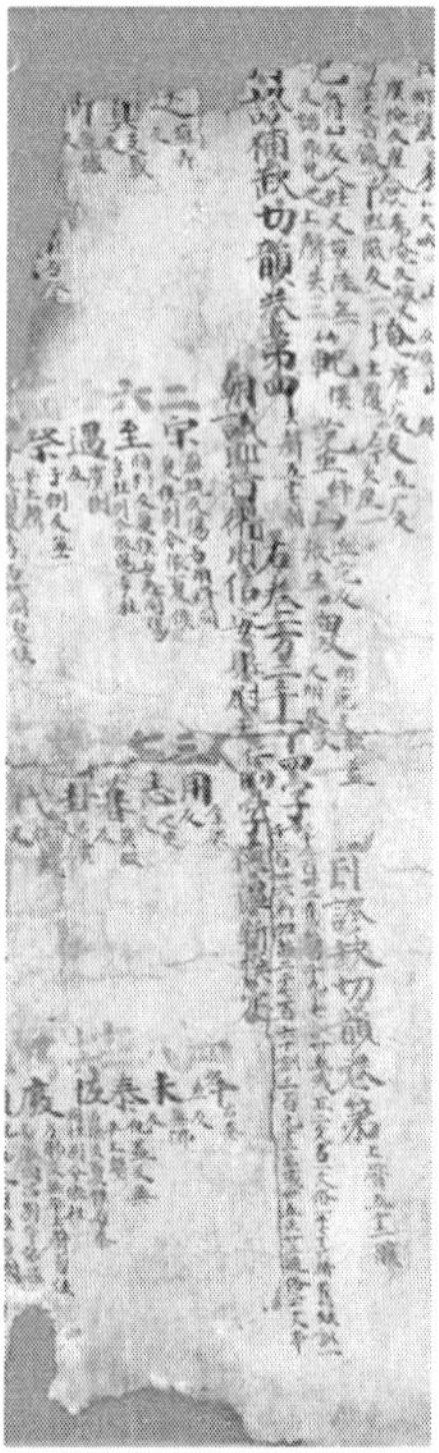

圖三　P2011

これらのうち王仁煦の『切韻』は、北京故宮博物院に傳呉彩鸞筆の寫本の完全なものが傳わり、敦煌遺書中にも斷簡（P2011）が見られ（圖三）、その具名が『刊謬補缺切韻』であることが分かっている。とすれば陸法言の原本を增補訂正したものであることは明白である。また釋弘演撰の『切韻』は十卷であったのだから、やはり大幅な增補がなされていたと考えられよう。

大中祥符元年（1008）に出來た宋の官韻『廣韻』の卷首には、陸法言撰本、長孫納言箋注と撰者を掲げたあと、劉臻、顏之推、魏淵、盧思道、李若、蕭該、辛德源、薛道衡の名を擧げて「已上八人同撰集」とするのは、陸法言の仁壽元年（601）序に「昔開皇（581-600）初、有儀同三司劉臻等八人、同詣法言門宿、夜永酒闌、論及音韻」（八人が一緒にわたしの家に泊まって、夜も更け酒もたけなわになったころ、音韻のことに話が及んだ）と、『切韻』の成り立ちを語る部分に現れる、そもそもの議論の中心となった八人の學者たちである。かれらは當夜、陸法言の父親、陸爽（539-591）の家に來て音韻談義を行い、その議論の要點を陸法言が記録して『切韻』を作ったのである[14)]。『廣韻』では更にその後に續けて「郭知玄拾遺緒正、更以朱箋三百字」といい、更に關亮、薛峋、王仁煦、祝尚丘、孫愐、嚴寶文、裴務齊、陳道固の名が「增加字」を行った人物として見えている。これらのうち、關亮、嚴寶文は、『日本國現在書目録』にも『東宮切韻』にも見えないから、日本には傳わらなかったものと見える。

いずれにせよこれら諸家の『切韻』は、陸法言の原本と比べて、收録字數が增えているばかりでなく、注文にも大幅な增補が加えられたものと考えられる。注文の增加は、刻本『切韻』の中に典型的に見いだすことができる。P2014を例に擧げて、それを見てみよう。この寫本は卷末部の斷片に「大唐刊謬補缺切韻一部」という尾題が見えている。したがって王仁煦の『切韻』でないとしても、その系統を引くものと考えられる。この『切韻』の注釋を見ると、さまざまな文獻を引用している點が目に付く。このような特徵は陸法言原本や初期の增補本には見られないもので、刻本に際だって觀察されると言ってよい。宋代の『廣韻』はこの傾向を一層進めている。文獻を引證するに際して、とりわけ族姓の來源に關する解説が多いのは、おそらく唐代における門閥を尚ぶ風氣を反映するものである。これら姓氏の來源に對する興味は民間の新興勢力によって更に煽られたに違いない。

最も興味深いのは、刻本『切韻』の中に、「五姓」の注記が見られることである。例えば、「蕭」字の注には「商姓」と注し、「茅」字には「角姓」とある（圖四）。五姓説は唐代に盛行した一種の占卜原理であって、姓氏を宮商角徵羽の五音によって分類し、それによって日常生活や冠婚葬祭など諸般の吉凶を判定するものである。家相を説く「宅經」類や具注曆に廣く使用されているほか、童蒙書などにも反映されている[15]。刻本『切韻』に「五姓」注記が存在するのは、その通俗性を示す以外の何物でもない。刻本は數多く印刷され、不特定多數の利用者に供給される

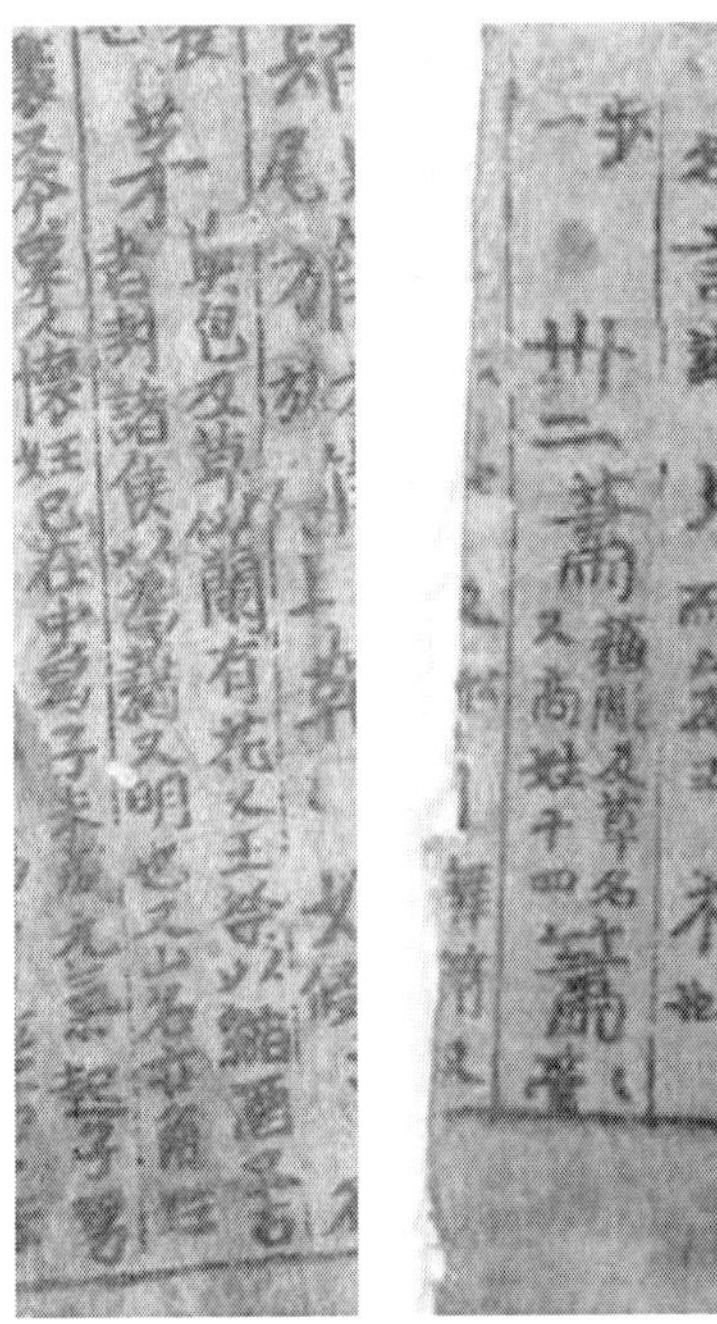

圖四　P2014 五姓注記

商品であって、時代の要求を逸早く反映しなければならなかったのである。

『切韻』は唐代において、時代を逐うごとに注釋が增加し、色濃く字書的色彩を帶びるようになっていく。この傾向が韻書の本來の機能から逸脱していることは言うまでもない。宋代の『廣韻』や『集韻』はこうした韻書の字書化の終着點とも考えられるが、そうなると本來の韻書機能を肩代わりするものとして別に『禮部韻略』のようなものが作られねばならなくなった[16)]。

唐代には、「篇韻」のどちらもが大きな改編を經驗した。『玉篇』は收録字數は增補されたが、大幅な注文の删略によって、本來の學術的性格を喪失して行ったのに對して、『切韻』は注文に雜多な要素が盛り込まれることによって字書的な性格を帶びるようになった。結果として、お互いの内容が接近してきたわけである。「篇韻」の兩者は、單に一方が部首別の排列、一方が韻による排列という、形式上の違いだけになってしまった。だからこそセットにして通行したのだという解釋も成り立つかもしれない。

4　敦煌遺書中の各種字書

敦煌遺書中には、『玉篇』や『切韻』のような、すでに十分な權威を有する書物のほかに、唐代社會の需要に應じて生み出された各種の字書が存在している。周祖謨はかつて、これらの敦煌の字書を五つに分類した。曰く童蒙の學習用字書、曰く字樣書、曰く物名分類字書、曰く俗字字書、曰く雜字難字などの雜抄である[17)]。これらのうち、最もよく時代を反映すると思われるものは、第三の物名分類字書と、第四の俗字字書である。唐代、とりわけ安史の亂以降の唐代後半期には、新たな社會階層の擡頭と、それに伴う識字層の擴大が生じた。結果として、これまで文章を綴る機會のなかった人々が、物を書き始める。禪家語録に代表されるような、口語文も現れるようになる。かくして民間に用いられる通俗語彙を書き記すための規範が求められ、一方でそうした通俗語彙の讀音を示す必要も出て來た。傳統的な貴族社會では、著述は文言で為されるのが普通であり、日常口の端に上るような卑俗なことばは文字で書き表す必要はなかったために、「篇韻」を以てしては、そういった新たな社會の要求に應じることは出來なかった。

以下に、第三種と第四種の字書について、瞥見してみたいと思う。

第三の物名分類字書の代表は、『俗務要名林』である。俗務の二字を冠することから、この字書が主として日常使用される通俗語彙を集めたものであることが分かる。英佛に三點の所藏がある（S617、P2609、P5001）。田農部、穀部、養蠶及機杼部、女工部、綵帛絹布部など意義によって分類してある[18)]。部首分類を採用しなかったのは、掲載語が必ずしも單字ではなく、簸箕や籃籠のような複音節のことばも含まれることのほか、何よりもこういった語彙の檢索には意義分類體のほうが便利と考えられたからであろう。注釋は至って簡單で、「罐 水罐也、古乱反」、「簩 木簩也、他郎反」、「桶 他孔反」、「箔簾 上蒲各反、下音廉」のように、ごく簡單な義注と音注が付けてあるだけで、音注だけのことも多い。また音注は反切が多いが、「筐 音匡」のように直音で示してある場合もある。この字書の用途は、主として日用語彙の讀音を調べることにあったのだと思われる。いかなる時代にも人々の日々用いる口語は通俗以外の何ものでもない筈であるが、もっぱら通俗語彙のための字書が出現したところに、唐代社會の特質を見ることが出來る。

『俗務要名林』に示された通俗語彙の讀音中に、別の意味で唐代特有の一例が見られる。それは獸部に見える「虎」字の讀音である。圖五に見られるように、S617、P2609 ともに「虎」には「音武」という音が付けてある。「虎」が唐の高祖李淵の祖父李虎の諱であって、唐代には當然避諱すべき文字であったことは誰しも知っている。實際に P2609 寫

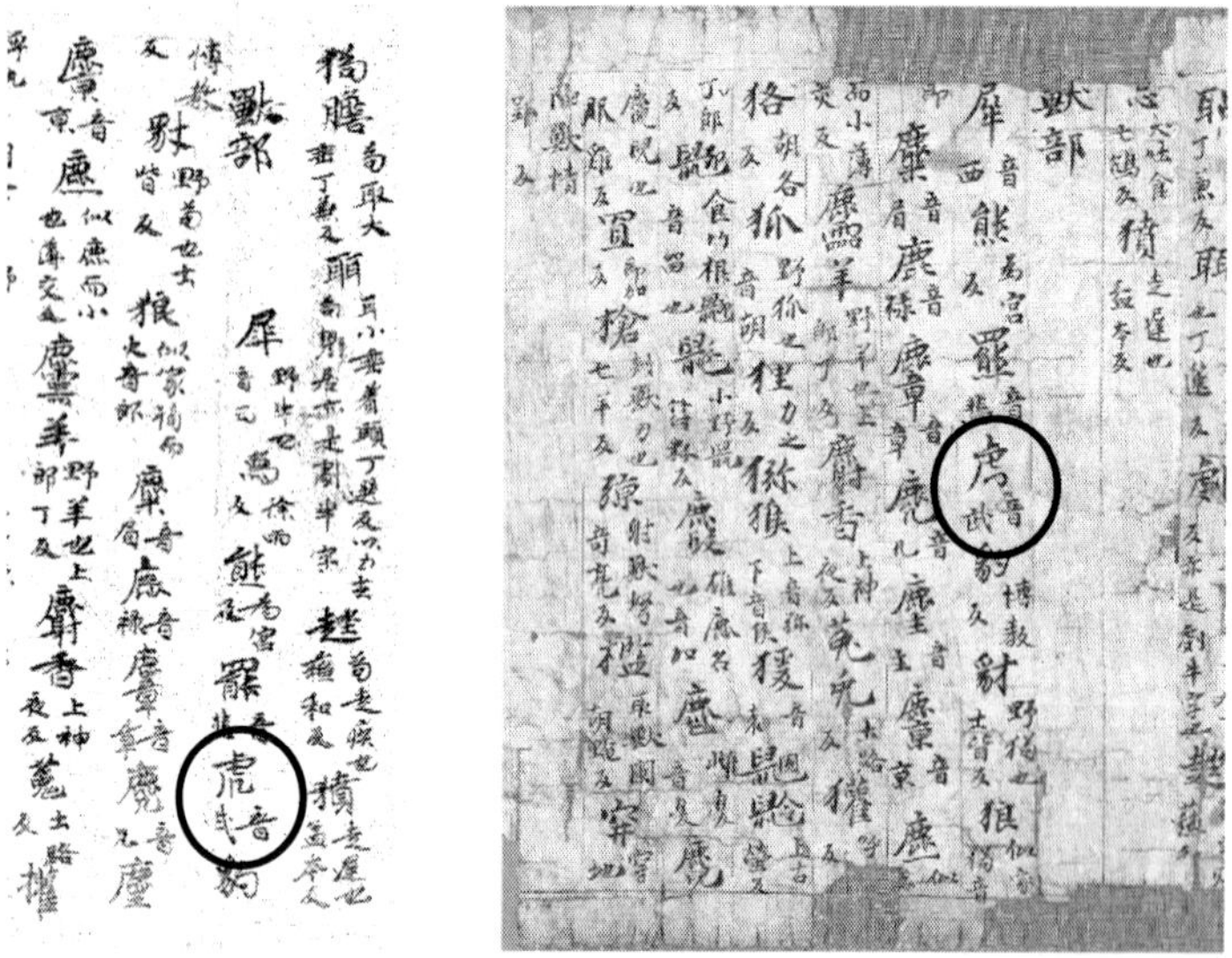

圖五　『俗務要名林』獸部の「虎」字（左は S617、右は P2609）

本では、この文字が闕筆されている。同様に、虎字は獸、武、豹、彪などの文字に書き替えられることがあった[19]。のみならず唐代には、「虎」字は一般に「武」の音に讀みかえて發音される習慣があり、廣く一般化していたのである。そうでなければ、如何に通俗字書とは言え、いきなり「武」の音を示すことは考えにくいであろう。

筆者は以前、同じような例として、唐の高宗の諱「治」が一般に「理」の音を用いてリと發音されていたことを指摘したことがあるが[20]、「虎、音武」もまったく同じ事例である。『俗務要名林』という字書が、いかに進取の氣象に滿ち、通俗に重きを置いて、民間の讀音をそのまま表示しているかがわかる。

次に第四種の俗字字書の例として、『字寶』あるいは『碎金』と稱される字書を見てみよう。この字書はやはり敦煌遺書中に發見されたもので、英佛に所藏される五點が知られている[21]。そのうちS619寫本は「白家碎金」と題されており、またこの寫本や他の寫本にも、沈侍郎（沈佺期)、白侍郎(白居易)、吏部郎中王建等の「讃碎金」、白侍郎の「寄盧協律(盧載)」詩が書かれていて、白居易の著作であることを示唆するが、おそらく假託であろう[22)]。字書には話し言葉の表現を三字あるいは二字で掲げ、その中心となる文字の聲調によって平上去入に區分し、その字音を注してある。掲出された語句はすべて當時の俗語らしく、用字もあまり見かけないものが多い。當時の使用者は音注にしたがって讀めば、容易に意味が了解されたものであろうが、現代人には少なからず難解である。序文には次のようにある。「およそ人が手や足を動かすにも、それを表すことばがあって、いつもそれを口の端にのぼしているが、字で書き表そうとすると、どの字を使えば良いか難しいものだ。そのため一般の人々が書こうにも、筆を下す妨げになり、いざ著述をするにしても、文字を見つけるのに苦勞する。口では言えるのに、しばしば戸惑ってしまうのだ。」[23)]これはまさに當時の情況を活寫している。口語語彙を書き表す規範がまだできあがっていなかったのである。そういった情況に對處する上で、在來の字書はまったく用を爲さなかったのは當然である。

いくつかの例を下掲の圖六の中から拾ってみよう。

肥臕體 筆苗反 又儦
目眍眵 上兜下所支
面皻風 支加反
笑哯哯 由伊反
婢𡞫 音脾𡣎 又仳倠

「肥臕體」の「臕」は「ぶくぶく太っている」ことをいう形容詞で、「儦」と書くこともある。發音はヒョウ(biao1)。

「目眍眵」は「目脂のたまっている」ことで、發音はトウシ(dou1-shi1乃至 dou1-chi1)。

「面皻風」の「皻」は顔の「あばた」をいう。發音はサ(zha1)。

「笑晲晲」の「晲晲」は「にこにこ樂しくわらう」様子をいうものと思われる。反切によれば、發音はイイ（yi^2-yi^2）で、脂韻喩母四等に屬する。『廣韻』で、該當の小韻を見ると、「恞、悦樂」のような文字も見えるから、こういう意味になることは理解できる。ただし「晲」字は本来別の意味で、發音も異なる[24]。ここは當時の俗用であろう。

「䶀」は「みにくい、ブサイク」の意味で、發音はヒキ（pi^2-hui^1）である。また「仳倠」とも書くことが注記してある。この文字は『淮南子・修務訓』に「雖粉白黛黑、弗能爲美者、嫫母仳倠也」（おしろいやまゆずみでつくろっても、きれいになれないのは、嫫母と仳倠とだ）と見え、高誘の注に「嫫母、仳倠は醜女なり」とあるから、人名から轉じて形容語になったものであろう。日本語の「おかめ」と似たところがある。

以上はごく僅かな例を擧げたに過ぎないが、この字書のおおよその性

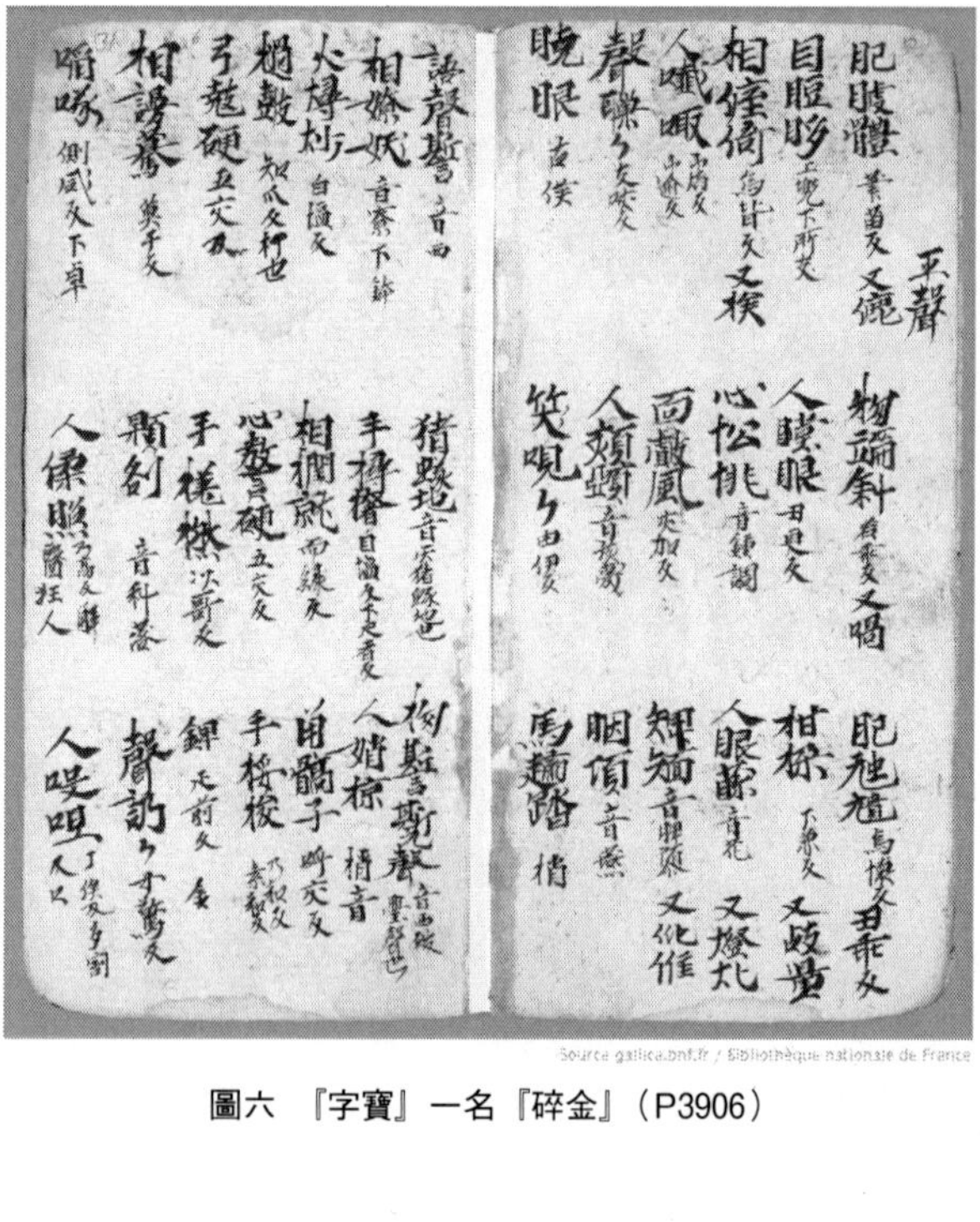

圖六　『字寶』一名『碎金』（P3906）

格はお分かりいただけたかと思う。『俗務要名林』が主として通俗語彙をどう讀むかを示すものであったのに對して、この字書は通俗語彙をどう書くかを教えるものであった。讀み書きの兩面から、民間の需要に應じる役割を果たしたものである。

おわりに

傳統的な辭書の代表格ともいうべき「篇韻」すなわち『玉篇』と『切韻』は、權威ある書物として長期にわたって用いられた。しかし唐代以降には、社會の發展に應じるために、それぞれ一定の改編を餘儀なくされた。しかしいかに改編したとしても、これら傳統的な辭書は、收録文字が基本的に雅正の枠内に止まるかぎり、新しい社會階層の需要を十分に滿たすことは出來ない。口語を中心とする通俗的な語彙の讀み書きに對應するためには、まったく形式を異にする通俗字書の出現が不可避であった。『俗務要名林』や『字寶（碎金）』といった俗用辭書は、當時の需要によく應えたであろうと思われる。偶然にも敦煌遺書の中に保存されたこれら字書は、唐代の言語文字と雅俗の問題を考える上で貴重な材料を提供してくれる。しかしあまりにも時代に寄り添い過ぎると、さらなる時代の變化には對應が難しい。これらの字書が早く失われたのはそのためでもある。必ずしも時代の要求に即應できたとは考えられない「篇韻」が却って長い壽命を保ち得たのは皮肉であるが、それが“俗”の側ではなく“雅”の側の辭書であったことからすれば當然ともいえる。

〔付記〕小文は2016年4月23日、台灣台中市の國立中興大學で開催された「第11屆通俗文學與雅正文學暨第12屆唐代文化國際學術研討會」における主題講演に基づき、それを日本語に書き改め、加筆訂正を行ったものである。

注

1）『大正新脩大藏經』第55巻、1111頁中欄。

2）禿氏祐祥「支那に於ける佛教書籍の蒐集竝に保存」『六條學報』第86號（明治41年12月）16頁；また同氏の『東洋印刷史序説』（昭和26年、京都：平樂寺書店）、33頁、65-66頁。

3）平安貴族藤原實資（957-1046）の日記『小右記』の長元二年（1029）四月四日條には「關白（藤原頼通）度祭主（大中臣）輔親六條宅之後、一日設饗饌、獻唐模［本］廣韻葉子、同玉篇葉子、……」とあり、時の關白藤原頼通が大中臣輔親の六條邸を訪問した時、饗應接待にくわえて、宋から渡来した模本（すなわち刊本）の『廣韻』と『玉篇』とを獻上されたことが分かる。それらは葉子とあって、巻子ではなく、すでに册子本であった。東京大學史料編纂所編『大日本古記録・小右記』第8册、東京：岩波書店、138頁。

4）〔宋〕李燾『續資治通鑑長編』巻十八、中華書局點校本、1995年、第三册、406頁。

5）『梁書』巻三十五、中華書局評點本、1973年、第二册、513頁。

6）楊守敬『日本訪書志』（光緒丁酉、1897、鄰蘇園刊本）巻三「玉篇殘本四巻」條。もと『古逸叢書』本玉篇に附した跋で、光緒十年（1884）正月の執筆。

7）邢準の書は中國國家圖書館に所藏され、「中華再造善本」の一として影印されている。その金元編經部に收録、2005年、北京圖書館出版社。復原されたテキストの全文は、楊正業等『古佚三書』（2013年、四川出版集團・四川辭書出版社）に見える。

8）藤原行成（972-1028）『權記』の寛弘元年（1004）閏九月十六日條には、「參內、右大臣官奏、候御前、給『草玉篇』三巻、退出、詣左府」とあって、王朝時代の日本では草書の『玉篇』も存在したことがわかる。

9）ロンドンのものはS6311背面、サンクト・ペテルブルグのものはДx1399＋2844。高田時雄「玉篇の敦煌本」『人文』（京都大學教養部）33（1987）、53-64頁；「玉篇の敦煌本・補遺」『人文』（京都大學教養部）35（1989）、162-172頁。

10）BD00430號（洪30號）「阿彌陀經」背面。この寫巻は新中國成立後、北京圖書館から歴史博物館に移されたらしいが、現在の中國國家博物館（歴史博物館の後身）では發見し得ない。高田時雄「敦煌本玉篇の第三殘片」『敦煌寫本研究年報』第十號第一分册（2016）、89-94頁。

11）『玉篇』三十巻のうち、第五巻の後半部に相當する。上掲の「敦煌本玉篇の第三殘片」、93頁を見よ。

12）川瀬一馬「東宮切韻に就いて」、東京文理科大學『國語』復刊第一巻第一號（1951）、50頁。また川瀬『増訂古辭書の研究』（昭和61年、雄松堂出版）、56-57頁。『東宮切韻』はすでに傳わらないが、『三僧記』などに佚文が引かれており、切韻十三家の名はそれによる。ちなみに王存乂*などアステリスクを附した三家は「不入」とされ、『東宮切韻』が利用しなかったものである。

13）排列は『日本國現在書目録』の順序による。また撰者名は兩者で異なる場合があり、その中には誤字の可能性の高いものも含まれるが、すべてそのままとした。
14）小川環樹『中國語學講義』（尾崎雄二郎筆録）、京都：臨川書店、2011 年、18 頁。
15）五姓説にについては、高田「五姓を説く敦煌資料」『國立民族學博物館研究報告』別冊十四號、1991 年、249-268 頁を參照。
16）もっとも『禮部韻略』も、南宋になると毛晃及びその子居正により『增修互注禮部韻略』が作られ、注釋が大幅に增補されることになる。
17）周祖謨「敦煌唐本字書敍録」『敦煌語言文學研究』、1988 年、北京大學出版社、40-55 頁。
18）いま便宜上 S617 の開頭部分について各部の例を示した。下に擧げる注釋例も、S617 のはじめ數行から適宜採録した。
19）陳垣『史諱擧例』（1962 年、中華書局）、147 頁。
20）高田「避諱と字音」『東方學報・京都』第 85 册（2010 年）、698-701 頁。
21）S619、S6204、P2058、P2717、P3906。
22）朱鳳玉『敦煌寫本碎金研究』、1997 年、臺北：文津出版社、85-95 頁。
23）原文は以下の通り。「凡人之運［手］動足皆有名目、言在常口、字難得知。是以兆人之用、毎妨下筆、修撰著述、費於尋撿、雖以談吐、常致疑之。」
24）『説文解字』には「不歐而吐也」とあり、段注はこれを「有匈喉不作惡而已吐出者、謂之哯」（胸や喉に吐き氣の前觸れがないうちに吐いてしまうのを「哯」という）と説く。

圖版の出處

圖一：『新修絫音引證群籍玉篇』中華再造善本・金元編經部、2005 年、北京圖書館出版社。
圖二：P3695　フランス國立圖書館 Gallica（http://gallica.bnf.fr/）の公開畫像に據る。
圖三：P2011　同上
圖四：P2014　同上
圖五：S617 は『英藏敦煌文獻』第二巻（四川人民出版社、1990 年）に據り、P2609 は上記 Gallica に據る。
圖六：P3906　Gallica に據る。

南山新城碑冒頭文の解釈と新羅の「法」

篠　原　啓　方

はじめに

南山新城碑とは、韓国慶尚北道慶州市にある南山新城の築造に際し立てられた新羅碑と、その後あいついで見つかった類似の内容を持つ碑石群[1)]の総称である。碑文に登場する「辛亥年」は591年にあたり、『三国史記』の記事[2)]と合致する。

1934年の第1碑発見以来、南山新城碑の研究[3)]は80年を超え、新羅史研究の様々な成果と結びついているが、碑文解釈における課題の一つとして冒頭文が挙げられる。冒頭文には日付、法と処罰への言及、そして王命とおぼしき文が含まれており、かねてよりその重要性が指摘されてきた。だが南山新城碑すべてに同一の、しかも34文字という短さから、研究者の関心は、冒頭文以外に向けられることが多かった[4)]。

このように、冒頭文は情報量における一定の限界性を有するものの、これまで発見されてきた新羅金石文との比較・検討を可能にする内容が含まれている。本稿では、特に碑文の形式や構造を中心に、冒頭文の内容を具体的に検証してみたい。

1　新城碑冒頭文と、その作成者

第2碑の発見以降、南山新城碑（以下新城碑）は各碑文に固有の内容である歴名文と、各碑文に共通する冒頭文からなることが分かった。歴名文に登場するのは築城の工事責任者、すなわち工事[5)]従事者（工人、役夫）と動員者（中央から派遣された地方官と在地有力者）であり[6)]、加えて工事従事者が担当した作業区間（城壁の距離）が記載されている。歴名文が確認できるのは9基（第1～9碑）[7)]で、各碑文の内容がすべて異なっていることから、各碑文の工事責任者が一つの集団（分団）として、それぞれ一区間の築造を担ったと考えられている。

つまり南山新城の築造は、力役による大規模な土木事業であったわけであるが、6世紀においては、貯水池や堤防の造成に関する永川菁堤碑（丙辰銘、536年、以下菁堤碑）と大邱戊戌銘塢作碑（578年、以下塢作碑）、築城碑としては南山新城碑より早い慶州の明活山城作成碑（551年、以下明活山城碑）など、大規模土木事業の記録を碑文によって残す例がいくつかあり（図1）、新城碑もその一例と言える。

しかしながら、新城碑がこれらと異なる第一の特徴は、その数である。新城碑は現在、碑片を含め10基が確認されており、秦弘燮の想定によ

図1　6世紀における新羅の土木事業関連碑
菁堤碑（左）、塢作碑（中）、明活山城碑（右）

れば、一区間の平均値と、現存する南山新城の周長から換算すると、城の築造には200近い作業集団が存在したという[8)]。

10基のうち完形の碑は4基（第1、2、3、9碑）あり、大きさは高さ80.5～121cm、幅30～47cm、厚さ10～16.5cm（いずれも各碑の最大値）と近似しているが、碑の形状はかなり異なっており同一人物（集団）の作とは思えない[9)]。これと合わせて注目されるのが、碑文の原位置である。1994年に発見された第9碑は、城壁の城内側から数m離れた場所で見つかったことから、碑は作業区間の城壁近くに立てられていたか、あるいは埋められていたものと考えられる[10)]。この発見により、新城碑は各作業集団が築城工事の過程で製作した可能性がさらに高くなったと言えよう。

碑文の行数や一行の文字数、書体については、既に指摘されているように一様ではない[11)]。歴名文には「文尺」や「書尺」という文筆を担当する役職名が登場しており、各集団による歴名文の作成が可能であったと判断される。

以上の点から、新城碑は、新羅の各地域から築城にかり出された多くの集団が、それぞれの作業区間に立てたものであったと判断される。また発見された数や内容の共通性から見て、立碑自体は、中央の命令によって各集団に義務づけられていた可能性が高い。ただ碑石の製作においては、中央で一括して製作し、作業区間まで運搬、配布するという煩雑な工程ではなく、各集団が築城工事の一貫として、現地において石材を調達し、碑石を製作したと考えるのが妥当であろう[12)]。同様に、各碑文に固有の歴名文もまた、工事責任者の名を把握している各集団が個別に作成、刻字したものと考えられる。

新城碑の第二の特徴が、冒頭文である。「南山新城」の語が登場するのもこの冒頭文であり、8基（第1～5、7、9、10碑）から確認されている。その全文は次の34文字からなる。

①辛亥年二月廿六日②南山新城作節如法以③作後三年崩破者罪教事為聞教令④誓事之

新羅の金石文・木簡に記された漢文は、いわゆる同時代の中国漢文とは異なり、韓国（朝鮮）語の語順が随所に用いられている。そのため解釈は研究者によって少しずつ異なっている。管見の限りではあるが、その訳文を示すと、以下の通りである。

1-1：辛亥ノ年2月26日　南山ノ新城ヲ作リシ時、法ノ如ク作ル。後三年　崩破スル者ハ罪セシメラルルコトト聞カセラレ、誓ハシムルコトナリ[13)]

1-2：南山新城を法のごとく作るにおいて、三年以内に崩破すれば罪を与えるものであり、またこれを誓約させる[14)]

1-3：辛亥年2月26日に南山新城碑を作る際、法に従って作って3年以内に崩れ破壊されれば罪となすという事実を広く知らしめ、誓約させた[15)]

1-4：…南山新城を作った。この時に法の如く、作って3年以内に崩壊すれば…[16)]

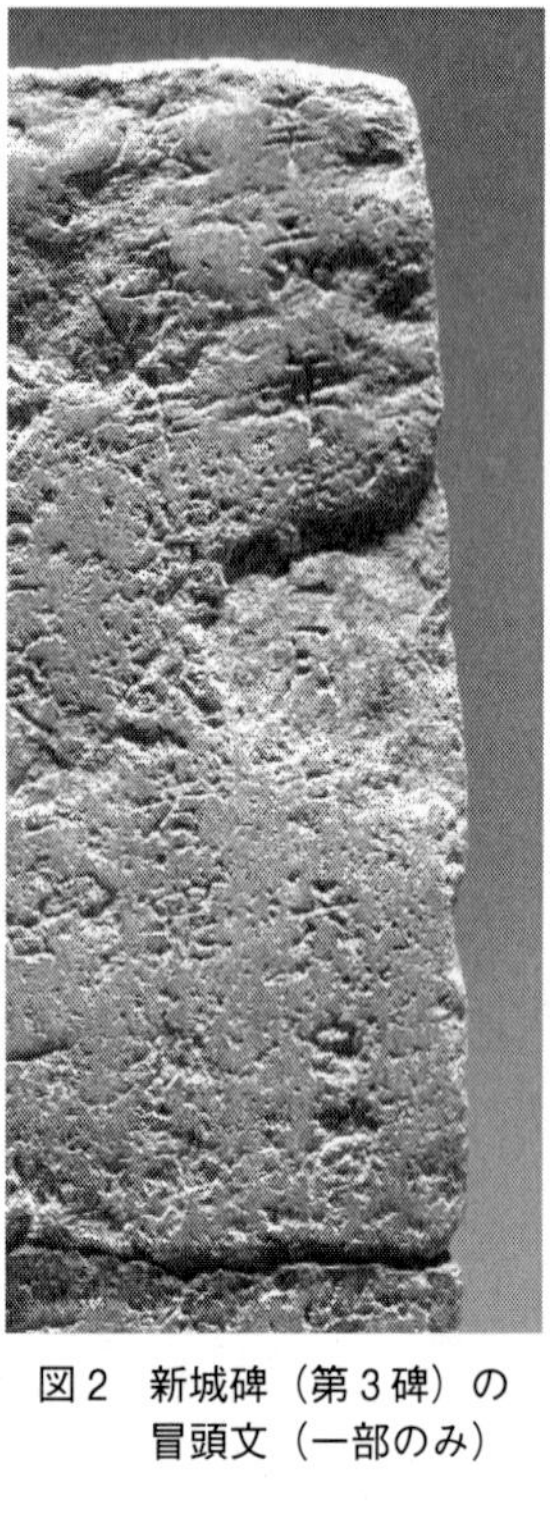

図2　新城碑（第3碑）の冒頭文（一部のみ）

1-5：南山新城を作る際、もし法で作って後3年で崩破すれば罪をお下しになるものとなし、（王に）お聞かせせよという教令によって誓うものである[17)]

1-6：辛亥年2月26日、南山の新城を作りし節に、もし法を以て作りて後三年に崩れ破れなば、罪なへよと教する事として聞き、教令を誓ふ事なり[18]

1-7：辛亥年二月廿六日、南山新城（を築造した）作・節は、法によって作業した後三年（以内）に崩壊するか破損した場合には、罪［罰］を与えるとする教令を聞き、ここにお誓いします[19]

1-8：南山新城を作る際、法のように作って三年以内に崩れ破壊されれば罪であると教されたものであり、教を奉じるよう誓約させたものである[20]

1-9：辛亥年2月26日、南山新城を作る際に法のように作って後3年以内に崩れれば罪を下されること［為聞教令］誓うものである[21]

上記の解釈は、細部においては異なるものの[22]、①日付、②築城工事の存在、③三年以内に崩れれば罪とするという処罰条件の周知、④それに対する誓約、という4つの内容にまとめられる点については、共通の理解を得ている。

冒頭文においてまず注目されるのが「教」である。碑の数については、前述した土木事業の3碑、すなわち菁堤碑、塢作碑、明活山城碑が追加で発見される可能性[23]を念頭に置けば、必ずしも新城碑の特徴とは言いきれないが、「教」は、上記の3碑には見られず、新城碑固有の内容であると言えよう。

この教が6世紀の新羅において、王もしくは中央において重要な地位にある高位官人から発せられる命令であることは、既に多くの研究者によって指摘されている[24]。新城碑の「教」もまた、これらの人物から発せられた命令として、碑文の登場人物に下達されたのである。

ただし下達という点に注目するなら、碑文の登場人物の多くは全国から徴発された役夫であり、教の主体とされる人物が役夫に直接下達したとは考え難い。誓約内容を含む、役夫への最終的な下達は、この築城工事を監督する中央官庁（の官人）によってなされた可能性が高い[25)]。

冒頭文の第二の特徴は、各碑文に固有の歴名文とは対照的な定型文である点である。200近いとも言われる作業集団が、下達された教を基に個別に文を起草したことはまずあり得ず、あらかじめ作成された定型文が一律に下達され、碑文の冒頭に挿入するよう指示されたものと考えるべきであろう[26)]。同文の作成は、彼らへの下達を担当した工事の監督官庁、もしくは教の作成を担当する中央官庁においてなされたと考えられる。

以上、冒頭文の「教」を手がかりに、教が王・高位官人から築城工事責任者に伝えられる過程で、いくつかの官庁が介在していたことを指摘したが、これと関連して注目されるのが、「教」の文書形式である。

「教」の登場する6世紀の新羅碑文には、叙述に一定の共通性がある。

表1　碑文における叙述の順序

名称	浦項中城里新羅碑（以下中城碑）	迎日（浦項）冷水里新羅碑（以下冷水碑）	蔚珍鳳坪里新羅碑（以下鳳坪碑）	丹陽新羅赤城碑（以下赤城碑）
年代	501年	503年	524年	550年前後
①	辛巳□□中…	癸未年九月廿五日	甲辰年正月十五日	□□年□月中
②	喙部…	沙喙至都盧葛文王…七王等	喙部牟即智寐錦王…	王
③	教	教用	所教事	教事

これらの碑は、立てられた当時の王・高位官人の教（事）[27)]が登場する際には必ず「①日付＋②主体（人名）＋③教（事）」の順に記され、教の内容が登場する場合には必ず③の後に来るという、共通の叙述が見られる。主体が新羅における最高位の有力者である点や、叙述の共通点から見れば、これが公式の文書形式であり、この形式にのっとって文書を作成する専門の集団・官庁が存在したと考えて良かろう。

新城碑冒頭文の中でも、教事文であるのが確実なのは「三年以内に崩破すれば罪とすると教した事」というくだりである。同文に対する研究者の解釈はおおむね一致しており、筆者もこれに同意する。だが教事文の形式という点から見れば、同文には主語が存在せず[28]、また「罪とすると教した事」とあるように、「教事」よりも内容が先に登場するなど、表1に掲げた公式の文書形式とは大きく異なる。この点から見ると、新城碑の教事文は、その作成を専門とする官庁の手による公式文書でない可能性が高い。

だがこれを公式文書の不在、すなわち公式文書の作成という手続を経ない教事文（書）が下達されたものとして結論づけるのは早計であろう。南山は新羅の都である金城の南に位置し、そこに築かれた新城はいわば首都防衛の要であった。これが国家事業や王命と無関係であることは想定し難く[29]、従って築城の命令（教）が、王や高位官人から発せられた命令であることは疑うべくもない。ならばこの築城事業に際しても、作成担当官庁による「主体＋教事」形式の公式文書がまず発布され、それが何らかの過程を経て新城碑の冒頭文に記載されたと考えるべきである。

そこであらためて想起されるのが、前述した教の下達過程である。教事文を含む冒頭文が工事従事者に伝えられたのは、築城工事の監督官庁からであった。つまり教事文（書）はまず専門官庁によって作成され、最終的に築城工事の監督官庁から工事従事者に対し、冒頭文の挿入という形で伝えられたことになる。仮に前者を「一次教事文」とすれば、冒頭文の教事文は、一次教事文に基づき、必要な内容が抜萃されたり、書き改められたりした「二次（以降の）教事文」と言えよう。

以上、教事文の形式を手がかりとしつつ、新城碑冒頭文の作成過程を見てきた。次章では冒頭文の内容、特に「法」の問題について検討する。

2　冒頭文の「法」と南山新城の築造

2-1　冒頭文の「法」をめぐる解釈

6世紀の新羅金石文に登場する「法」の語は、新羅法の全容を知るにはあまりに断片的であるが、貴重な資料であり、研究者の関心を集めてきた。新城碑の冒頭文に登場する「法」もまた、そうした例の一つであり、いくつかの解釈が試みられてきた。

> 辛亥年二月廿六日、①南山新城作節「如法」②以作後三年崩破者罪教事為聞教令誓事之

前章において冒頭文全体の解釈例を掲げたが、「如法」について述べるなら、前後どちらの文と結びつくかによって解釈が大きく異なる。まず下線①にかかる場合（1章の訳文1-1、1-2）は「新城の築造に関する法」となる。この解釈が発表された当時、「教事」が登場する金石文は新城碑以外になく、従って「教事」の解釈は重視されていなかった[30]。だが前章で述べたように「教事」は6世紀の新羅において国家から発せられる命令文であり、①にかかるとする既存の解釈は、この点が考慮されていない。

次に、下線②にかかる解釈（1-3～1-9）は、後続して発見された金石文の事例を踏まえたものであり、「作って3年以内に崩破すれば罪となる法」となる。この説は歴史学、言語学の双方から支持を得ており、現在有力な解釈と言えるが、その根拠については、いくつか疑問が残る。

まず歴史学の立場からは、当時の新羅法典は律令法典であり、その律令の篇目条文に築城方式に関するものがあったとは考えられないとする見解がある[31]。これは厳密には①の解釈を否定する理由と言うべきもの

であるが、これに対する批判は見られないことから、この見解がある程度支持されているものと考えられる。6世紀の新羅法が律令であったとする根拠は、『三国史記』の記事である。

七年春正月、頒示律令、始制百官公服朱紫之秩

法興王の7（520）年に律令が頒示されたことを伝える記事である。「法」の語は、鳳坪碑（「奴人法」）と赤城碑（「赤城佃舍法」）に登場する。碑文の内容から、「奴人法」は地方人に関する法、「赤城佃舍法」はあらたに新羅領となった赤城（現忠清北道丹陽市）地域の佃舍（土地、農業）に関する法と考えられている[32)]。この「某法」により、少なくとも鳳坪碑（524年）以降には成文法典が存在していたこと、そして『三国史記』「頒示律令」の記事の史実性が確実視されるようになった[33)]。

だが法典が実在したことと、その法典が律令という体系であったことは、厳密には区別されなければならず、その論証も別途に行われる必要があろう。碑文には「律」や「令」の語は登場せず、6世紀の律令を指す用語としては上記の『三国史記』が唯一のものである。『三国史記』は高麗時代に編纂された史書であり、用語においては当該時代の資料、すなわち金石文が優先されなくてはならない。つまり碑文の「(某）法」が律や令を指す言葉であるのかどうかが問題となるが、前述の見解においては碑文の「法」が篇目を指すと断定し、これが某律・某令に該当すると述べるのみである[34)]。だが「法」が篇目であるとするなら、碑文に奴人（佃舍）律・奴人（佃舍）令と記されなかった理由が説明されなければならず、また某律や某令を「(某）法」の名で編纂したのだとすれば、某律・某令と名づけて両者の差を明確にする意識自体がなかったことになり、むしろ新羅法が律令という体系でなかったことの根拠となり得よう。このように『三国史記』の用語のみに頼って新羅法典が律令という体系であったと断定するのは無理があり、現時点では律令の存在を前提

とすることはできない[35]。

もう一つの疑問は、冒頭文の「法」と「以作後三年…罪」を結びつけている点である。まず「法」の語について見ると、6世紀の新羅碑文においては、依拠すべき篇目や名称が登場する。鳳坪碑文に登場する「奴人法」は「□□奴人法（奴人法によれ）」という内容と解釈され、改行された後、事後処理（刑罰の執行など）に関する内容が登場する。「奴人法」の名が法典の一篇目であるのか、関連規定の略称であるのかは定かではないが、碑文には、法の条文らしき内容は見られない。これは、依拠すべき法典が別途存在することを示唆[36]すると同時に、執行に際し参照すべき内容を指示したものと言えよう。

赤城碑の「佃舍法」もまた佃舍に関する法典の篇目もしくは関連規定の略称と考えられる。赤城碑の後半部は欠落部が多く、「佃舍法」の条文らしき内容があった可能性もあるが、いずれにせよ新羅碑文においては、執行される「法」について、依拠すべき法典の篇目や略称が明示される形で叙述されていることが分かる。これに対し、新城碑の「法」は篇目や略称を示唆しない、漠然とした表現である。

これに対し「作って三年以内に崩破すれば罪とする」とは、秦の徭律との類似性が指摘[37]されるように、条文を思わせる具体的な内容である。これは建造物に関する処罰規定であるから、法典に収められているとすれば、上記の碑文のように参照すべき「某法」が登場すべきであるが、冒頭文には単に「法」とあるのみである。このように新城碑の冒頭文は、特定の内容を指示しない「法」の語と、特定の条文を思わせる「以作後三年…罪」という叙述からなっており、叙述形式から見ても両者を結びつけるのは不自然なのである。

一方、言語学的アプローチからは、韓国（朝鮮）語の語順や文法[38]、返読不要の字順[39]であることを根拠とする。確かに新羅碑文には、日本語にも類似した韓国（朝鮮）語の語順で書かれた漢文が多く見られ、解釈にあたってそれらが充分に考慮されなければならないのは事実である。

だが、いわゆる返読が、新羅碑文においてまったく用いられなかったわけではない。返読の例は、冷水碑（503年）の「得財（財を得よ）」、「莫更導此財（さらにこの財について口にするな）」、鳳坪碑（524年）の「誓罪於天（罪となることを天に誓う、誓って天に罪となす）」、そして赤城碑の「自此後（此より後）」など、6世紀の碑文にも使用されている。つまり単純かつ簡潔な返読は、普通に使用されていたのであり、意図的に返読を避けて作文されていたわけではない。

もう一つは、新城碑冒頭文の「如」の読みを返読する「ごとし」ではなく、「もし」と読む点である。

> 別教、自此後、國中如也尒次□□□□□□懐懃力使人事、若其生子女子年少□□□□□□□□兄弟耶如此白者大人耶小人耶（「赤城碑」15⑩～17⑳）

「赤城碑」のこの文は、王が発した教事文の一部と思われ、新羅の赤城経営に際し、也尒次のような有功者や、その関係者が与った恩典に対する内容と考えられている[40)]。この文で注目したいのは「如」と「若」である。同字はいずれも「もし」あるいは「ごとく」の意で用いられるが、先学の解釈に基づけば、「如也尒次…」は「也尒次のごとく…」であり、「若其生子女子年少…」は「もし其の者が生んだ子が女や年少…」、そして「如此白者」は「此の如く白（もう）す者」と読むことができ、むしろ、「如＝ごとく」「若＝もし」と使い分けている印象すらある[41)]。このように新城碑の「如」を「もし」と読むのは当時の新羅人の使用法からみて必ずしも妥当とは言えない。

以上のように、「法の如く（法に従って）作って3年以内に崩破すれば罪を与える」という②の解釈は、当時の法のあり方や新羅漢文の使用例から見て充分な説得力を有しているとは言えない。ならば、これまでなおざりにされてきた①の解釈、つまり築城と法の関係について、あらためて検討する必要があろう。

2-2　南山新城の築造と「法」

冒頭文の「法」とは、特定の法を指さない漠然とした表現であり、その意味では、律令の存否を問わず、築城方式に関する法を指すと断定できないのも事実である。しかし築城事業に適用される法や制度とは、決して築城の技術や工法のみではない。築城という土木事業にかかわる諸規定として新城碑文が最も多くの文字数を割くのは、力役に関するものである。

表2は、明活山城碑と新城碑（第1碑）の登場人物を比較したものであるが、新城碑を見ると、全文の字数（約170字）[42]に対し、冒頭文34文字、担当距離8文字を除く約128文字、つまり全体の7割以上が工事にかかわる人名であり、全文が確認できる第2、3、9碑の比率もこれを

表2　明活山城碑と新城碑（第1碑）の歴名比較[1)]

明活山城碑（551年）			集団	新城碑（第1碑、591年）		
所属	役職名	官位		所属（管轄）	役職名	官位
本波部	上人邏頭	吉之	A	阿良 奴含 営坫	邏頭 道使 道使	大舍 大舍 大舍
烏大谷	郡中上人 匠人	下干支 波日	B	阿良村 柒吐 阿良村 奴含	郡上村主 匠尺 文尺	撰干 上干 干 干 阿尺
		下干支 一伐 波日	C	阿良	城徒上 □尺 文尺 面捉上 □捉上 □捉上 石捉上	 干 一伐

大きく外れない。

この登場人物は中央から派遣された地方官(A)、在地有力者として力役動員を主導した者(B)、新城の築造工事を担当した者(C)という3集団に大別される[43]。

まず第1碑のA集団は、3名の地方官が登場する。地方官は第2碑にも3名登場し、第4碑、第5碑は碑片によってその一部のみが確認されるが、欠落部の文字数から2名以上が存在することが分かる[44]。またC集団は第1碑において7名が登場するが、この人数は完形である第2碑、第3碑、第9碑も同様であり、各地域から同一人数が動員された可能性が高い。これに対し、明活山城碑においては地方官が1名のみであり、またC集団とおぼしき役夫の数にも差が見られる。

このうちA集団とC集団については、橋本繁の興味深い指摘がある。橋本は両碑の比較において、南山新城碑の段階においては「複数の地方官を派遣できるようになり、城・村を単位に7人ずつという均一の動員が可能になった」とし、これを地方支配の進展と評価している[45]。

A集団については、今後も追加で発見される可能性がある明活山城碑に複数の地方官が登場しないとは断定できず、新城碑の特徴とは言いきれないが、注目されるのはC集団の7人という数である。この数は恒常的なものとは限らず、新城築造時における固有の基準であった可能性も考慮すべきであるが、一様に定数が各地域から動員されている点からみると、既に中央から地方への発令段階で定められていた可能性が高い。さらに結果として均一な数が動員されたことは、動員時の手続、特に地方における地方官と在地有力者とのやり取りが特段の支障なく行なわれたことを示唆するものと見なせよう。

このように、中央の発令から地方における動員までの過程、つまり動員数の設定、命令下達の手続、地方官の権限、在地有力者の役割などは、個別的かつ無秩序になされたとは考えられず、何らかの規定にのっとって進められていたと判断されるのである。

これと共に、南山新城碑には、工事集団の所属が複数登場するものがある。表3は第9碑の登場人物（B、C集団）であるが、碑文には各人名に対し個別に記載された所属Ⅱと、全員を「□伐郡中伊同城徒」という一つの集団として記載した所属Ⅰが登場する。前者は個人の本来の所属もしくは居住地、後者は力役動員時の集団（地域）名[46]と解釈されるが、力役動員時にこうした複数の管理体制が用いられたことは注目される。これについて尹善泰は、6世紀を中心年代とする城山山城（現慶尚南道咸安）出土木簡群に類似の表記があることに注目し、これを名籍の管理体制に結びつけている[47]。名籍の問題については今後検討すべき点もあるが、地方民が個人単位で管理される例があったこと、そして彼らの動員に関する文書が中央と地方の間でやりとりされたことが確認できる。また動員者としてA集団（地方官）のみならずB集団（在地有力者）が碑文に登場していることは、地方民の籍の管理体制が、中央ではなく現地主導であった可能性を示唆するが、その規定は各地域において独自に決められたものではなく、中央で作成され、地方に下達されていたと考えるべきであろう。

表3　第9碑の所属（地名）

所属Ⅰ	所属Ⅱ	職名	官位
□伐郡中伊同城徒		郡上人	撰干
	生伐		上干
	同村	匠尺	上干
	□答村		上干
	生伐	文尺	一伐
	伊同村	城徒上人	上干
	指大□村	工尺	一伐
	伊同村	文尺	阿尺
	伯干支村	面捉	一尺
	同村	面捉	阿尺
	伊同村	牙捉人	
	伯干支村	小石捉人	

一方、築城技術においても、先学の指摘のごとく独立した篇目があったとは断定できないが、その規定が皆無であったと考えるべきではなかろう。その技術は当時のいわゆる軍事機密に該当するものであり[48]、都を防衛する南山新城にも当然用いられたものと考えられる。むしろ国家が技術を管理するための様々な規定があり、その一部は成文化されていたと考えるのが自然である。

そうした視点からあらためて表2を見ると、C集団の記載において、明活新城碑文は人名に冠される役職名が皆無であるのに対し、新城碑の人名にはすべて役職名が記載されている点が注目される。新城の築造、とくに城壁の築造における採石、加工、運搬、積み上げなどの工程は基本的に変わらないと考えられるため、明活山城の築造においても役割分担が存在したことは認められる。ただこれまで発見された新城碑文のすべてに役職名が一貫して明記されている点は、前述した「誓事」の問題とあわせ、「崩破」時における責任の所在の根拠となり、分業体制のさらなる徹底にも結びつく。また彼らは築城専門の工人とは考え難く、築造における技術的な指導、監督は必須とも言えよう。つまり彼らは役夫として各地からやってきたが、その工事もまた個別的かつ無秩序になされたのではなく、監督官庁の指導のもと、規定にのっとって進められたものと判断される。

以上のように、南山新城の築造は、中央・地方における多くの人間が関与する大規模事業であり、碑文の内容からは、断片的ではあるものの、中央において定められた諸規定に基づき、事業が整然と進められた実態が浮かび上がってくる。この諸規定とは、当然のことながら築城のみを対象としたものではなく、もともと内容別・業務別に分類・収録されており、この築城事業に際して必要な部分が適用されたと考えるべきであろう。換言すれば、この築城事業において諸規定が有機的に結びつくためには、各業務を管轄する官庁間の連携・協力が不可欠なのである。

このように、篇目や条文を特定しない冒頭文の「法」とは、「築城にかかわる様々な法（諸規定）」と理解することではじめてその意が明確になる。従って冒頭文の「南山新城作節如法」は、「南山新城を作る節（にあたって）は法の如く」と解釈でき[49]、新城築造事業における諸規定の遵守と、それにかかわる諸官庁の連携・協力を意味するものと理解できるのである。

ここで言及しておかねばならない問題が、新羅法の概念やその枠組である。上記の諸規定は、既存の研究において「制度」という言葉の中で議論されてきており、これらを「法」の枠組で捉えられるのか、という疑問は当然出てこよう。

南山新城の築造にかかわる規定は、晋から南北朝に至る令の篇目との比較においても、戸令（籍の管理や力役）、官品令・職員令（官人）、宮衛令（都の建造物）など、類似の内容をうかがわせるものが確認される。前述の通り、現時点で当時の新羅法が律令であった可能性は低いと考えられるが、これらは行政、財源、軍事という国家の根幹にかかわるものであり、その内容の核心部分は国家の最上位規定集とも言うべき法典に定められていたと考えるのが自然である。一方、それ以外の規定については、下位規定として法典以外の典籍や文書で管理されていた可能性も想定されるが、新城碑文が示す諸官庁の連携・協力という視点から見れば、それらもまた冒頭文の「法」の語のもとに包摂されていたと見なすことに問題はないと判断される。

以上、新城碑冒頭文の「法」が意味するところについて、筆者の解釈を示した。だがこれまでの議論は、冒頭文に登場するいくつかの文を個別に検討したに過ぎず、それらが全体としてどのようにつながるのかが検討されなければならない。次章では冒頭文全体の意味と、その歴史的背景について検討する。

3　冒頭文の意味とその史的背景

3-1　後半部の解釈と主語

冒頭文は34字という短い内容ながら、いくつかの行為によって構成されており、その主体も一つではない。既に先学が各行為の主体を特定しつつ、大意が把握されてはいるが、本稿においてあらためて検討すべき点が、各行為によって構成される文の主語である。

筆者は、冒頭文の作成過程には、少なくとも王や高位官人、教事文の作成官庁、監督官庁、工事責任者という4つの集団（組織）がかかわっていることを指摘した。冒頭文に登場する各行為の主体は、このいずれかに該当するものと考えられるが、複数の行為が一文を成す時、文全体の主語は各行為の主体とは異なってくる可能性があり、加えて使役や引用とおぼしき語も、主体と主語に対する理解をより複雑なものにしている。しかし教の伝達過程や、築城事業の工程を具体的に理解するためには、各行為によって構成される文の主語を明らかにし、全体の流れを把握することが求められる。

先学が指摘するように、冒頭文には、文脈から主体が特定できるものがある。一つは「教事」である。その行為の主体は王や高位官人であり、冒頭文中、少なくとも「以作後三年崩破者罪教事」がこれに該当する。

もう一つは、「誓事」である。誓事は処罰条件を示した「教事」の後、「為聞教令誓事之」という文中に登場する。先学の指摘のように、「誓事」が教事の内容を受けて行なわれたこと、そしてその主体に工事従事者[50)]が含まれることは間違いないと思われる。一方、動員者については、彼らが築造工事に従事したかどうかは不明であるが、碑文に彼らの名が記載されている以上、連帯責任者と見なして問題なく、従って誓事の主体は工事責任者全員であったと考えられる。また彼らは、碑文に唯一登場する人名であるという点において、冒頭文の主語として第一に想定される存在でもある。

これらの主体についてはほぼ異論がなく、筆者も同意するが、加えて指摘しておきたいのが、この冒頭文の後半部が「教事」を受けて「誓事」がなされるという、いわゆる時系列に基づいた記述である点である。これは冒頭文の後半部「…教事為聞教令誓事之」の中で解釈の分かれる「為聞教令」が、「教事」から「誓事」に至る過程を説明する内容であることを意味しており、主語を特定する手がかりの一つとなる。

まず使役の根拠の一つである「教」や「令」は、6世紀の新羅金石文に数例が確認される。

3-1　教用前世二王教為證尒取財物盡令節居利得之教耳
（冷水碑　前面7⑧～9④）

3-2　別教節居利若先死後令其苐兒斯奴得此財
（冷水碑　前面9⑤～11②）

3-3　別教令…奴人法（鳳坪碑　4①～5㉖）

3-1は先代の王の教に基づき、節居利なる人物が財を得るよう命じた内容であり、3-2は3-1とは別途に発せられた教で、節居利の死後にはその「苐兒」が財を得るよう命じた内容である。これらは「教」と「令」が別々に登場しているが、実際には一つの命令文を構成する語として機能している。3-3は、地方における騒乱と収拾の経緯、そして法の執行（処罰）を命じた内容であり、「教令」が一語として登場している。このように「教令」は、「教事」と並んで6世紀の新羅碑文における王・高位官人の命令の一つであり、一つの碑文（案件）に対し内容の異なる複数の「教（事、令）」が登場することもあった[51)]。

ただし、ここで検討しておくべきは、新城碑冒頭文の「教令」の必要性である。「誓事」が「教事」を受けてなされた行為である以上、この間に敢えてもう一つの命令である「教令」が挿入されるべき理由がなくてはならない。これを考えるにあたって注目されるのは、「教事」が指す内容の範囲である。上記の解釈に基づく「教事」の内容は「三年以内に崩破すれば罪とする」、すなわち処罰条件の提示にとどまっており、「誓事」は含まれていない。換言すれば、「誓事」は「教事」の執行とは別になされた行為であり、それゆえ教事に伴う必須の行為として各集団に徹底させるためには、別途の公式の命令が発せられなければならない。このように「教令」とは、「誓事」の執行を目的として、「教事」とは別途に発せられた命令と解釈されなくてはならず、「教令誓事之」の内容は「(王や高位官人が) 教令によって (工事責任者に) 誓わせた事」となろう。

次に検討すべき語は「為聞」である。「為聞」は管見の限りでは一語としての特殊な意味は新羅碑文や吏読から見出せず、字義を個別に検討する必要がある。まず「為」は「せられる」(1-1)、「なす」(1-5)、「として」(1-6)、「〜するように」(1-8) と解釈され、「聞」は「聞く」、「聞かせる」(1-3、1-5、1-6、1-7)[52] と能動と使役に解釈が分かれている。

このように「為聞」をめぐる解釈は一致を見ないが、共通しているのは、その主体が教を発した人物ではなく、教を「聞いた (聞かせる)」人物であるとする点である。「為聞」は、新羅漢文として語順通りに読めば「為したことを聞き」となり、また「為」を受け身の返読字と見なせば「聞くところと為り」と解釈でき、「為聞」の主体が「教事」を発した人物ではないとする既存の解釈は首肯される。

ならば「為聞」の内容が何であったかが問題となるが、それは「為聞」の直前にある「教事」、もしくは直後の「教令」のいずれかとなろう。いずれにせよ「為聞」の主体は、王や高位官人の命令を聞き、何らかの行動をなした存在であると見て間違いない。

そこで以下では、こうした考え方に基づき、それぞれの解釈を試みてみたい。まず「教事為聞」は、新羅漢文の語順に従って「以作後…と教した事を為聞し」となり、その主体は教事文の作成官庁、監督官庁、工事責任者のいずれかとなる。ただここで留意されるのは「為」の意味である。「教事為聞」が単に「教した事を聞いた」という意味であれば「為」は不要とも言え、敢えて挿入される理由が解釈されなくてはならないが、ここで想起されるのは、既に指摘したように、冒頭文の「教事」が公式文書の引用である点である。これは公式の教事文書の拝受から内容の抜萃・引用に至る過程が存在したことを意味するものであり、「為」はその過程を説明する表現である可能性が高い。これを踏まえるなら、「教事為聞」は「…と教した事と為（い）うを聞く」、つまり「『作って後…と教した事』があったということを聞く」という間接表現を含む文と解釈される。だとすれば教事文書の作成官庁はその主体とはなり得ず、従って「教事為聞」という文の主語は、監督官庁もしくは工事責任者のいずれかとなる。

次に「教令誓事之」の解釈である。同文は、王や高位官人が「教令」によって工事責任者に「誓事」させたものであり、まずは王や高位官人を主語とすべきであるが、これには疑問が残る。

一つは「教事為聞」とは別の主語を想定しなければならない点である。監督官庁もしくは工事責任者が「為聞」し、王や高位官人が「教令」したという文は、いずれも築城関連の内容であって無関係ではないが、極めて短い文の中で異なる主語の異なる行為を羅列することになる。これは、主語の不在という冒頭文の構造から見ても不自然であり、両文は主語を同じくする一連の行為と見なすのが妥当であろう。

もう一つは、冒頭文の「教事」が引用によって「為聞」の主体を主語とする文に置き換えられている点である。公式の教事文が転載されなかったのは、主語を置き換えることが目的であったことを意味するものであり、従って「教令」のみが王や高位官人を主体とする文のまま引用されたとは考え難い。

以上の点から、「教令誓事之」の主語は王や高位官人とは想定し難く、

「教事為聞」と「教令誓事之」は、主語を同じくする一連の行為と見なすべきである。このように解釈すれば、主語の候補の一つであった監督官庁もまた、「為聞」の主体である可能性はあっても「教令」や「誓事」の主語とはなり得ない。従って両者の主語は工事責任者以外にはあり得ず、「作後…教事為聞教令誓事之」の解釈は、「(工事責任者は)『作って後…と教した事』があったということを聞き、(さらに) 教令によって誓う事である」となる。

一方、「為聞」の内容が「教令」である場合も検討されなくてはならない。「為聞教令」は、「教令を聞くところと為り」と解釈される。加えて直後にある「誓事之」の主体との関係を考慮すれば、「為聞教令」と「誓事」は同じ主体による一連の行為と見なすべきであり、よって「為聞教令、誓事」の主語もまた、工事責任者を指すと見て問題ない。

以上、「為聞」の前後の文脈を考慮しつつ、冒頭文後半部の主語について、二つの解釈の可能性を示したが、いずれの解釈においてもその主語が工事責任者であることが確認できた。ただし冒頭文全体の流れを把握するためには、前半部における主語の有無や、後半部との関係が検討されなくてはならない。そこで次節では、「教事」を含む前半部の解釈を試み、あらためて全体の文脈を整理することにしたい。

3-2　全文の解釈と「教」の意味

冒頭文の前半部は従来、「南山新城作節」と「如法…教事」という二つの文に分けられる傾向が強かった。さらに後者はこの「如法」を根拠に、教事文が法の条文を掲載したものと理解されたため、「南山新城作節」は「如法」と切り離されるだけでなく、教事文との関係がほとんど検討されないまま、曖昧に解釈されてきた。

これに対し筆者は、「如法」が「以作後三年崩破者罪教事」ではなく「南山新城作節」と結びつくこと、そして「南山新城を作る節は法の如く(南山新城作節如法)」と解釈すべきであることを指摘した。これらを踏まえ、あらためて同文を見ると、いくつか留意すべき点がある。

一つは、冒頭文の「法」である。前章において、「法」とは築城事業全体にかかわる諸規定を指すと共に、諸官庁の連携・協力を念頭に置いた語であったことを指摘した。こうした理解に基づくなら、この「法」は、築城の工事責任者だけでなく、監督官庁の業務や遵守すべき規定を越えた、国家事業としての視点から捉えられた表現となる。そのような語が、中・下級官人や一官庁の着想から出たものとは考えられず、そこにはさらなる上位機関の存在が想定される。冒頭文においてその存在が確認できるのはいわゆる「一次教事文」の作成官庁であり、つまるところ「教事」の発令者である王や高位官人ということになる。このように、冒頭文の「法」とは本来、教事文に登場する用語であり、「南山新城作節如法」はいわゆる「一次教事文」の内容を含む文と理解しなければならない。

もう一つは、教事文の範囲である。既に指摘したように、冒頭文の「如法」は「以作後三年崩破者罪」を指すものではないため、教事文が法の条文を掲載したものという解釈の根拠は成立しない。従って同文は条文という観念を排除し、教事文という視点のみから検討される必要があるが、そのように捉えると、従来教事文とされてきた部分は処罰条件の提示に過ぎず、南山新城の築造事業には全く触れないことになり、不自然なのである。

以上の点を勘案すれば、「南山新城作節如法」は「南山新城を作る節（にあたって）は、法の如くせよ」という命令文、すなわち教事文の一部である可能性も出てくるのである。

その是非をめぐって必ず検討されなければならないのが日付である。冒頭文の「二月廿六日」は、新城碑に登場する唯一の日付であり、これまで築城工事の開始（着工）日と終了（竣工）日を中心に論じられてきた。日付がそのいずれかであるなら、「南山新城作節如法」を教事文と見なす余地はない。

まず開始日説は、第1碑の発見当時から指摘されてきたもので[53]、碑文の「二月廿六日」を開始日、『三国史記』真平王13（591）年に見える「七月」を終了日とみなしたものである[54]。これは碑文と史書という史料の性格をさほど考慮せず、月次の違いを合理的に解釈した説であるが、これに対し朴方龍は、現在の明活山城と南山新城の周長を比べると明活山城が長いが、明活山城碑文によれば、一集団の担当距離は新城碑文のそれとほぼ同じであるのに工期は35日とあることから、南山新城の築造期間を4～5カ月と見る開始日説に疑問を呈し、さらに同期間は農繁期にあたり、民を力役に従事させ続けるのは困難だとし、終了日説をあらたに主張した[55]。

この終了日説については、他の碑文の内容からも一定の説得力を持つ。表4のように、土木事業関連の碑はいずれも冒頭に日付が登場している。菁堤碑（丙辰銘、536年）のそれは判然とせず、開始日と終了日の2説[56]がある。次に冒頭文に加え、明活山城碑（551年）には工事の開始日、終了日、工期の総日数が、塢作碑（578年）は工期の総日数が、それぞれ記されている。このように、日付の記述には定まった形式があるわけではないが、少なくとも6世紀中～後葉の土木事業に関する碑文には終了日が記され、各々の日付の意味も明示されている。こうした例に鑑みれば、6世紀末に立てられた新城碑の日付もやはり終了日とすべきようにも思われる。

表4　土木事業関連の碑に見える日付

	菁堤碑丙辰銘（536年）	明活山城碑（551年）	塢作碑（578年）
冒頭文	丙辰年二月八日□□□□塢（1①～2①）	辛未年十一月中作城也（1①～⑩）	戊戌年十一月朔十四日另冬里村□□塢作記之此成在□人者（1①～2②）
開始日		十一月十五日作始（7⑪～8②）	
終了日		十二月廿日了積（8③～⑩）	
総日数		卅五日也（8⑪～⑮）	十三日了作事之（8⑫～⑱）

だがこの終了日説は、冒頭文の整合性において問題が生じる。それは「誓事」である。この「誓事」、すなわち「三年以内に崩破すれば罪」とされることに対する誓いは、「二月廿六日」を終了日とみなす場合、工事の終了後に行われたことになる。しかしながら、築城事業における最重要案件とは築城の完遂であって、役夫の誓約とはあくまでそれに付随する一要素に過ぎない。つまり誓約の本質は刑罰を与えることではなく、処罰条件を示すことによって築城工事の質の低下を防ぐことにあるのである。ならば誓約は、築城の終了後ではなく、開始前に行なわれたと考えるのが自然である[57]。

これは新城碑における日付の記述が、当時の土木事業碑のそれとは異なる性格を持つことを示唆する。そもそも新城碑には、明活山城碑や塢作碑のように日付の意味するところが明示されていないばかりか、工事の開始や終了を明確に示す語句すら登場しない。むしろ新城碑の日付を理解するためには、単なる月次の整合性や土木関連碑という性格に拘泥せず、冒頭文に登場する行為から特定されるべきであろう。

冒頭文に登場する行為として筆者は、「教事」、「教事」の下達、「誓事」の3つを指摘してきた。これを日付と結びつけて時系列順に挙げると、「教事」が発せられた日、「教事」を聞いた日、「誓事」が行なわれた日[58]となる。この3つの行為は同日に行なわれたとは考えられないので、冒頭文の日付は、これらの中の一つ、ということになろう。筆者は第1章において、新城碑の特徴として「教」が登場する点を挙げたが、冒頭文における「教」は単なる挿入句ではなく、「教」の内容とそれに基づく「誓事」が登場するなど、むしろ築城の内容に優先する重要事項として記されている。

そこであらためて「教」の登場する碑（表1）に注目すると、日付に関する共通点が見出せる。それは、いずれの碑文にも「教」に基づいて官人や地方人の様々な行動が記録されているが、日付は「教」が発せられた日以外にない、という点である。新城碑の冒頭文はいわゆる一次教事文ではないが、「教事」を受け、臣下がそれを執行したという一連の流れにおいて、「教」が登場する碑の叙述と合致する。

だが他方で、土木事業碑としての性格も軽視されてはならない。前述した明活山城碑もまた、築城工事に際し、責任者の名とその担当距離が記されている点[59]で新城碑と性格を同じくする。明活山城も慶州の郊外に位置する都の防衛城であり、その築造は教の発令に端を発する国家事業であったと見て疑いないが、碑文には教が登場しない。明活山城碑は具体的な工事の日付を含む「工事に関する正確な記録」である半面、新城碑は「国家の命令（教）に基づき、責任をもって工事にあたる」ことが強調されており、両者の目的と叙述には相違がある。新城碑に敢えて「教」を登場させなければならなかった背景についてはなお検討を要するが、新城碑が単なる土木事業碑ではなく、教関連の碑としての性格を有することは間違いない。

教とは新羅国家における政策の起点かつ命令体系の最上位に位置するものであり、その重要性をあらためて説く必要はなかろう。その点に鑑みれば、新城碑冒頭文の「教事」や「教令」には、内容の核心としての意図が込められており、また叙述の形式から見て、その日付は開始日や終了日ではなく、教が発せられた日であると見なして問題ないと考えられる。

以上のように日付の意味が特定されるならば、冒頭文における「南山新城作節如法、以作後三年崩破者罪教事」は一つの教事文であり、築城事業全体にかかわる命令文であったと理解できよう。

これを踏まえ、あらためて冒頭文の後半部との関係を検討してみたい。前節にて示した後半部における二つの解釈は、いずれも工事責任者を主語とするものであり、文意も大差ないが、全体の整合性においては若干の相違が見られる。

一つは工事責任者の行為と「教事」との関係である。「為聞教令、誓事之（教令を聞くところとなり、誓う事である）」という解釈に従う場合、

「南山新城…教事」は「…と教した事であり（…と教した事があり）」という単なる教事の引用となり、工事責任者の行為との関係性が希薄になる。一方、「教事為聞」は、「教事」と工事責任者の行為との関係が明確であり、さらに冒頭文全体の主語を工事責任者と見なすことができる。

もう一つは、「為聞」の内容の具体性である。「教令」は教令文そのものが登場しないのに対し、「教事」は教事文が具体的に引用されている。また「誓事」は実際に工事責任者が実践した行為であり、「為聞」した内容として強調される必要はあまりないようにも思われる。

このように後半部をめぐる二つの解釈には相違点があるものの、どちらか一方の解釈を是とする決定的な根拠とは言い難い。ただ各行為が冒頭文に登場すべき必然性や、内容の具体性がより明確なのは「教事為聞」という解釈であり、現時点においてはこれに基づき、冒頭文を理解しておきたい。

以上、煩雑な考察を重ねてきたが、これに基づいた冒頭文全文の解釈は、以下の通りである。

> （工事責任者は）「辛亥年の2月26日に『南山新城を作るにあたっては法の如くし、作って後三年を以て崩破すれば罪とせよ』と教した事」があったということを聞き、さらに教令によって誓う事である

この解釈に基づき、新城碑冒頭文における教（事、令）の内容を整理すると、表5の通りである。

教は2つの教事と1つの教令という、3つで構成される。まず教事1は、築城事業にかかわる全官庁に対し発せられた共通の命令である。一方、教事2は、築城工事の監督官庁のみに対し発せられたもので、監督官庁の業務とその権限を示すものと言えよう。ただ監督官庁が対象者を処罰する権限まで有していたかどうかは疑問であり、一次的には崩壊時にお

表5　冒頭文に見える「教」の内容と執行者

番号	教の性格	内容（命令）	執行者
1	教事1	法の遵守および諸官庁の連携・協力 （南山新城作節如法）	築城事業にかかわる全官庁
2	教事2	崩壊時における処罰 （以作後三年崩破者罪教事）	築城工事の監督官庁
3	教令	処罰の認知および誓約 （教令誓事）	工事責任者 （碑文の登場人物）

ける工事責任者の特定のみを想定しておくのが無難であろう。教事2が監督官庁に下達されたのは、彼らが冒頭文を作成し、工事責任者に一括してこの内容を伝える職務を帯びていたためと思われる。

最後の教令は、工事責任者が教事2の内容を誓うことであるが、問題は「誓事」の対象に教事1が含まれているのかどうかである。教事1は築城事業にかかわる全官庁に発せられたものであるから、これが「誓事」の対象だと考えれば、全官庁が「誓事」を行なったことになり、教事2のみであれば「誓事」は工事責任者のみとなる。全官庁を挙げての「誓事」が不可能だとは思えないが、教事1が包括的であり官庁レベルの対応を要求するものである半面、教事2は処罰条件の具体性や時限法的要素を含む特殊性が含まれており、両者には相違が見られる。これらを考慮すれば、教事1は教令に含まれないと見なすのが妥当と思われる。また教令の執行者は工事責任者であるが、教令は彼らに対し個別に発せられたのではなく、工事の監督官庁を経て一括して工事責任者（あるいは工事従事者）に伝えられたものと考えられる。

1～3が監督官庁に対し発せられた際、教事1に教事2や教令が付されたのか、あるいは時間を置いて別途下達されたのかは不明である[60)]。いずれにせよこれらはまず一次教事文（書）として監督官庁に下達され、必要に応じて引用、抜萃された二次教事文が作成され、さらに工事責任者に下達（配布）され、「誓事」の後、工事が開始されたのであろう。なお、この「誓事」については、各集団が誓事に関する儀礼を行なったとする見方がある。そのように考える根拠は、「二月廿六日」を「誓事」の日とみなし、各工事集団が一斉に「誓事」を行なったと考えるためである。だが日付が「誓事」の日とは考え難い以上、そうした儀礼的要素を想定する根拠はなく、むしろ碑文の作成と立碑をもって誓事に代えたという解釈も可能である。

最後に検討すべき問題が工期である。冒頭文の「二月廿六日」が教の発令された日ならば、工事の開始前に「各地域への文書下達-力役動員」にかかる期間が当然必要となる。その期間を判断する材料は6世紀の史料からは見出せないが、『三国史記』における南山新城築造の月次（秋七月、築南山城）を終了月と見なせるなら、築造工事は4カ月前後という期間の一部のみであったことになる。さらに明活山城碑に見える「卅五日」を築造工事期間の目安とみなす場合、文書の下達から動員に至る期間が工事期間よりも長いことになる。いずれにせよ、これらの資料から想定されるおよそ4カ月が、国家の土木事業や力役の全過程を考える一つの基準となり得よう。

3-3　新城碑文の歴史的背景と意義

以上指摘してきたように、新城碑の冒頭文は、南山新城の築造事業における有機的な法の運用、すなわち諸規定の遵守と諸官庁の連携・協力を喚起したものであった。これは法執行に際し当然のことでもあるが、それが南山新城の築造時に敢えて重視された背景を考えておく必要があろう。

既に指摘したように、明活山城碑と新城碑との比較などから、力役体制・地方統治の進展、築城に関する細則化を知ることができた。これらは新羅法（諸規定）が520年前後に成立して以降、追加・改定が続けられてきたことや、その内容が様々な篇目に分散していたことを想定せしめる。

法や規定の追加・改定は当然官庁の業務にも影響を及ぼしたものと思われるが、注目されるのは南山新城が築城された真平王代（在位579～632年）の動向である。真平王代は、特に後半に「専制王権が成立した」とも表現されるように、中央集権化が推進された時期であったが[61]、その前半において注目されるのは、官庁の設置である。

3-4　三年（581）春正月、始置位和府、如今吏部
3-5　五年（583）春正月、始置船府署、大監・弟監各一員
3-6　六年（584）春二月、改元建福。三月、置調府令一員、掌貢賦。乗府令一員、掌車乗
3-7　八年（586）春正月、置礼部令二員
3-8　十三年（591）春二月、置領客府令二員。秋七月、築南山城、周二千八百五十四歩
3-9　十五年（593）秋七月、改築明活城、周三千歩、西兄山城、周二千歩

（『三国史記』巻4、新羅本紀4、真平王）

記事のみから見れば、新城の築造以前において、位和府（3-4）、船府署（3-5）が新設され、調府、乗府（3-6）、礼部（3-7）、領客府（3-8）には令（長官）が置かれたとある。だが『三国史記』職官志によれば、調府、乗府、礼部のそれも事実上の官庁の設置を意味するものであることが分かり、領客府も始置の可能性が高い。さらに職官志には真平王11（589）年に執事部の大舎、兵部の弟監が置かれるなど、これらとは別の官の増員もなされている。

10年以内にこれほどの数の官庁が設置された例は稀有であり、「新羅史上制度的な整備が最も顕著に行われた時期の一つ」[62]とされるゆえんでもあるが、こうした諸官庁・官職の設置に伴い、それぞれに対する規定も当然作成されたであろう。

一方、諸官庁の業務に関する記述は『三国史記』などの文献史料に少なく具体的な内容は不明なものが多いが、注目されるのは官人を掌る位和府と、税制を掌る調府の存在である。前者は中央と地方の連携や命令体系にかかわり、後者については籍の管理や、3-6の「貢賦」の語が力役を含んでいた可能性がある[63]。南山新城の築造からさほど遠くない時期に、事業に深くかかわる官庁が整備されたことは、これらの設置に伴う諸規定を含む追加・改定作業と、同作業に対する「如法」、つまり諸規定の適用と官庁間の連携が喚起される背景として不足ないだろう。また諸官庁の規定とは、官庁別に詳細にまとめられることはあっても、諸官庁との連携はむしろ施行細則にかかわるものであって、連携があらかじめ網羅的に想定され規定が作られるのではなく、当事者間の問題が発生してはじめて検討されるものも少なくなかったはずである。やや極端な表現を用いれば、首都防衛の要となる南山新城の築造は、縦割りで蓄積されてきた諸規定（諸官庁の運営）を、大規模な土木事業によって結びつける契機であり、新羅法運用の新たな試みであったと言えるのではないだろうか。

南山新城が築造された翌年には、同じく都の防衛の要である明活城と西兄山城が改築された（3-9）。新城の築造事業は、当然ながらその後の、少なくとも中古期における新羅山城築造のモデルケースとなったものと考えられる。韓国各地に築かれた新羅山城が今もその姿をとどめているのは、その築造技術もさることながら、それを支えた官庁間の巧みな連携、すなわち新羅法の運用体制によるところが大きいと言えるであろう。

おわりに

以上、新城碑冒頭文について筆者なりにその解釈を試みてきた。その結果、新城碑は土木工事碑としての性格が重視されがちであったが、むしろ教（事）碑的性格が濃く、また冒頭文には新羅法に関する重要な内容が含まれており、その背景には、広範に蓄積された法の有機的な運用という真平王代の重要課題があったことを指摘した。

筆者の解釈や指摘を可能とした背景には、6世紀における金石文資料や木簡資料の発見があり、これら当該資料の蓄積により、文書行政のあり方や、文書形式という新たな視点を取りいれることができた。中古期における新羅法の解明作業は、条文の抽出という方法論を中心に、刑法への言及が先行する傾向があるが、本稿はそれらを含む多くの研究成果に感化され、一解釈を示したものに過ぎない。新羅法のあり方を今後さらに検討していく上で、本稿が多少なりとも寄与するところがあれば幸いである。

注

1）現在まで10基（碑片含む）が報告されている。第1～3碑および第9碑は完形、第4～8碑、第10碑は碑片である。第6碑は工人の名が他の新城碑文の表記に近い点から、第8碑は二文字のみが確認されるが南山新城内部で見つかった点から、それぞれ新城碑だと考えられている。

2）『三国史記』第4、新羅本紀4、真平王13年。「秋七月、築南山城、周二千八百五十四歩」

3）研究史は田中俊明（「新羅の金石文　第5回～9回」、『韓国文化』5-11～6-5、1983～1984）、篠原啓方（「南山新城碑研究の軌跡」、『東アジア文化交渉研究』7、関西大学、2014）が整理している。また橋本繁は10基すべての釈文を掲載し、既存の説の検討と自説を示している（「中古新羅築城碑の研究」、『韓国朝鮮文化研究』12号、2013）。韓国の研究成果（論著）については、本稿の論旨にかかわるものは逐次引用するが、それ以外のものについては、これらの論文を参考とされたい。

4）李鍾旭「南山新城碑를通하여 본 新羅의 地方統治体制」（『歴史学報』64、歴史学会、1974）および石上英一（「古代における日本の税制と新羅の税制」、『古代朝鮮と日本』、龍渓書舎、1974）がそうした方向性を示したと言えよう（篠原啓方、前掲論文、2014、510～511頁）。

5）南山新城の築造について本稿では、新城の築造のみを指す場合は「工事」の語を、築造を含む全作業を指す場合は「事業」の語を使用する。

6）新城碑文の登場人物については、研究者によって若干の相違はあるが、中央から派遣された地方官をA集団、在地有力者をB集団、A・B集団によって築城工事に動員された役夫をC集団とする李鍾旭（前掲論文、1974）の分類がほぼ定説化している。筆者の分類も基本的にこれに従っているが、本稿では各集団の役割を明示するため、便宜上、C集団を工事従事者、そしてA集団とB集団を合わせたものを動員者と呼称する。

7）字の痕跡を確認できる碑片も含む。

8）秦弘燮「南山新城碑의 綜合的考察」（『歴史学報』26、歴史学会、1965）。山城の周長に関する最古の記録は『三国史記』の「周二千八百五十四歩」であり、その後の史書・地理書にも記録が見られるが、数値は必ずしも同じではない。近代以降の調査報告としては、植民地期の略測に基づく「1万2750尺」（約3863m。『慶州南山の仏蹟』、朝鮮総督府、1940、11頁）をはじめ、慶州文化財研究所の調査による「約4850m」（『慶州南山（本文・解説篇）』、2002、139頁）、金永模の調査による「4911m」（「南山新城의 歴史的造成事実 및 原形考証에 対한 考察」、『慶州南山新城』、慶州市、2010、277頁）がある。

9）秦弘燮（前掲論文、1965）、39頁。石上英一は、寸法には大差ないとして中央政府等により碑石が一括して作製されたとするが（「古代における日本の税制と新羅の税制」、『古代朝鮮と日本』、龍渓書舎、1974、262頁）、形状を考慮すれば、その可能性は低いと判断される。

10）朴方龍「南山新城碑第9碑에 대한 検討」（『美術資料』53、1994）、15～18頁。なお発見時、碑石の下から瓦片が検出されている。発見位置が碑石の原位置であると断定するには、この瓦片の編年も検討されなくてはならない。ただ碑文には、工事従事者が担当した区間（城壁）に対する責任を問う内容があるが、碑文には担当区間の距離のみ記され、城壁のどの場所であるのかは記されていない。ゆえに、工事の従事者と担当区間の位置関係を明示するためには、碑（文）が現地に置かれていることが望ましく、碑石が城壁の傍に設けられていた可能性は高いと言えよう。

11）秦弘燮（前掲論文、1965）。篠原啓方「南山新城碑の調査報告」（『関西大学東西学術研究所紀要』47）、97～98頁

12）南山新城の城壁に用いられた石材は、その大部分が南山において採石・調達可能な「アルカリ花崗岩」であり、新城碑の第1碑から第10碑もすべて花崗岩である（慶州文化財研究所『慶州南山（本文・解説篇）』、2002、20頁および140頁）。これは、いずれの石材も築造工事の現場において調達が可能であることを示唆している。今後さらに調査が進めば、碑石と南山に分布する花崗岩の地域差を比較し、採石場や作業区間が特定できる可能性も出てこよう。

13）河野六郎「古事記に於ける漢字使用」（『古事記大成』第三巻　言語文字篇、1957）、193頁

14）秦弘燮（前掲論文、1965）、7頁。原文は「남산신성을 법대로 만듦에 있어 삼년이내에 붕파하면 죄줄 것이고 또 이것을 서약케 한다」

15）李明植「南山新城碑」（韓国古代社会研究所編『訳註 韓国古代金石文』Ⅱ、駕洛国史蹟開発研究院、1992）、107頁。原文は「신해년 2월 26일에 남산신

성을 만들 때、법에따라 만든지 3년이내에 무너져 파괴되면 죄로 다스릴 것이라는 사실을 널리 알려 서약케 하였다」
16）朱甫暾「南山新城의 築造와 南山新城碑──第9碑를 中心으로」（『新羅文化』10·11、1994）、37～38頁。原文は「…남산신성을 만든（들었）다.（이）때에 법대로、만든 후 3년만에 붕파되면…」
17）南豊鉉『古代韓国語研究』（太学社、2009）、194頁。原文は「남산의 신성을 지을때、만약 법으로 지은 후 3년에 붕파하면 죄주실 일로 삼아（임금께）들으시게 하라는 교령으로 맹서하는 일이다」。南豊鉉はこれまでに数回解釈を発表しているが、本稿では最新と思われるものを挙げた。
18）沖森卓也『日本古代の文字と表記』（吉川弘文館、2009）、43～44頁
19）徐毅植『新羅의 政治構造와 身分編制』（ヘアン、2010）、180～182頁。原文は「辛亥年二月廿六日、南山新城（을 築造한）作・節은 法대로 作業한 후 三年（以内）에 崩壊되거나 破損되는 경우엔 罪［罰］를 주겠다고 한 教令을 받잡고（듣고）이에 盟誓합니다」
20）洪承佑『韓国 古代 律令의 性格』（서울大学校大学院 博士論文、2011）、205頁。原文は「남산신성을 만들 때、법과 같이 만든 후 삼년 안에 무너져 파괴되면 罪라고 교하신 일이니、教를 받들도록 서약하게 한 것이다」
21）李丞宰「新羅木簡과 百済木簡의 表記法」（『震檀学報』117、2013）、172頁。原文は「신해년 2월 26일、남산신성（을）지을때（에）법대로 지은 뒤 3년（안에）무너지면 죄내리실 일 為聞教令 맹세하는 일이다」
22）徐毅植は「作」や「節」を一文字で役職名とみなすが、その理由として、高句麗の「平壌城刻石」における作節がそのように訳せる点、新城碑も「平壌城刻石」と同様、新羅の築城に関するものである点を挙げる（前掲書、179～180頁）。確かに作は「作る」もしくは「作った者」、節もまた吏読として「～の時」もしくは「～の時（の担当者）」と解釈できる余地があるが、新城碑においてはいずれも可能である。その一方で徐毅植は冒頭文の「作後」については「作る」と訳すなど、「作」や「節」が役職名でなければならない根拠が充分ではない。従って現時点では彼の解釈が成立する可能性は低いと考える。
23）慶州の雁鴨池にて発見された碑片も明活山城碑の一つとされ、同碑も2基が存在することになるが、現時点では新城碑の数に及ばない。
24）6世紀の新羅碑文のうち、鳳坪碑の「教」については武田幸男の論文が詳しい（「新羅・蔚珍鳳坪碑の「教事」主体と奴人法」、『朝鮮学報』187、2003）。また筆者も6世紀金石文における「教」の主体をめぐる議論を整理しつつ、基本的には王が主体であったとする私見を述べたことがある（「6世紀前葉から中葉における新羅の「教」とその主体について」、『東アジア文化交渉研究』6、2013）。
25）李鍾旭は築城の指揮・監督業務を動員者（A・B集団）が担当したとするが（前掲論文、1974、17～19頁）、動員者が各地から工事作業者（C集団）を率い、現地で個別的に築城工事を指揮・監督したとは想定し難い（2章を参照）。

26）河日植「6世紀末新羅의 力役動員体系―南山新城碑의 記載様式에 대한 再検討」（『歴史와 現実』10、韓国歴史研究会、1993）、205頁

27）厳密には、中城碑や冷水碑には「教」とあり、鳳坪碑（524年）以降、「教事」の語が一貫して碑文の冒頭に登場するようになる。「教事」は新羅的表現でもあり、教が王や高位官人によって発せられたという点においては520年以前も同様であるが、これが「教事」と表現されるようになるのは520年以降と考えられる。筆者はその背景に、成文法典の成立時におけるいわゆる「公式」の制定があったと考えている。

28）ここでは冒頭文のうち「三年…教事」という文について述べているが、冒頭文全体に主語が欠如している点は、既に徐毅植によって指摘されている（前掲論文、2010、180～182頁）。

29）秦弘燮（前掲論文、1965、40頁）以降、多くの研究者によって指摘されている。

30）高麗時代や朝鮮時代になると、「教事」は「なさる」・「される」といった敬語を意味する吏読として用いられており、この意味で解釈されたものと考える。

31）朱甫暾（前掲論文、1994）

32）この佃舎法をめぐっては、高句麗法とする見解と、新羅法とする見解に分かれる。前者には任昌淳（「学術座談会録」、『史学志』12（丹陽新羅赤城碑特集号）、檀国史学会、1978、72～73頁、109頁）、鄭求福（「丹陽新羅赤城碑 内容에 対한 一考」、『史学志』12（丹陽新羅赤城碑特集号）、檀国史学会、1978、126～128頁）、武田幸男（「真興王代における新羅の赤城経営」、『朝鮮学報』93、朝鮮学会、24～25頁）がおり、後者には全徳在（『韓国古代社会経済史』、太学社、2006、196～198頁）、洪承佑（『韓国 古代 律令의 性格』、前掲論文、2011、180～181頁）などがいる。筆者は後者の見解に属する。

33）李基白「丹陽赤城碑 発見의 意義와 赤城碑 王教事部分의 検討」（『史学志』（丹陽新羅赤城碑特集号、座談会主題発表 및 座談会録）12巻、檀国史学会、1978）

34）朱甫暾（前掲論文、1989）、126頁および128頁

35）既に林紀昭（「新羅律令に関する二・三の問題」、『法制史研究』17、1967）や武田幸男（「新羅・法興王代の律令と衣冠制」、『古代朝鮮と日本』、1974）が指摘している。これらは「（某）法」が登場する6世紀の新羅金石文の発見以前に発表されたものであり、再検討を要する部分もあるが、6世紀における新羅法を理解する方向性は現在においても有効であると考える（「6世紀の新羅の教と法」、『関西大学アジア文化研究センターディスカッションペーパー』13、2016、35～36頁）。ただ筆者は、律令法典の存在を完全に否定しているわけではなく、中国の律令が単行法令として受容された可能性も排除していない。新羅法のあり方は、律令法典であった可能性も含め、当該資料を中心に今後も検討されなくてはならない。

36）篠原啓方「6世紀の新羅の教と法」（前掲論文、2016）、38～39頁

37）洪承佑の指摘による（前掲論文、2011、205～206頁）。原文は「興徒以為邑中之紅（功）者、令結（嫜）堵卒歳、未卒堵壊、司空将紅（功）及君子主堵者有罪、令其徒復垣之、勿計為繇（徭）」（『睡虎地秦竹簡整理小組編』、文物出版社、1990、釈文註釈の47頁）

38）李丞宰（前掲論文、2013）、173頁

39）沖森卓也（前掲書、2009）、44頁

40）檀国大史学会『史学志』12（丹陽赤城碑特集、1978）。武田幸男（前掲論文、1979）。「丹陽新羅赤城碑」（韓国古代社会研究所、前掲書、1992）

41）「若」が「もし」の意味で用いられる例は既に冷水碑の段階から見られる。「若更導者、教其重罪耳」（「冷水碑」後面1①～⑨）

42）欠落部の文字数をどう数えるかによって若干の差が出る。

43）李鍾旭の論文（前掲、1974）による。なお、A集団はすべての碑文に登場するわけではなく、またB集団とC集団を細分化する見解もあるが、本稿の論旨に深くかかわる内容ではないため、省略する。

44）橋本繁は、第4碑には3人、第5碑には2人の地方官が記載されていたとする（前掲論文、28頁）

45）橋本繁（前掲論文）、43頁。ホン・ギスンも両碑の比較において、力役動員単位の変化から地方支配の進展を説明している（홍기승「6世紀 新羅 地方支配 方式의 変化와 “村”」、『韓国古代史研究』55、2009）。

46）所属Ⅰについては、所属Ⅱを統括する行政（城）村であるという見解がある。行政村の概念については、篠原啓方（「南山新城碑研究の軌跡」、前掲論文、512頁）を参照。

47）尹善泰「新羅 中古期의 村과徒―邑落의解体와関連하여―」（『韓国古代史研究』25、2002）

48）新羅の築城技術の特徴としては、①内外夾築、②城壁外側下部の基壇補築、③懸門などが指摘されており、これらは5世紀後半から6世紀後半にかけて登場するという（沈正輔「新羅山城의 特徴」および車勇杰「高句麗 山城의 特徴과 新羅 山城」、『慶州南山新城』、前掲書、2010）。

49）秦弘燮は「南山新城を法のごとく作るにおいて」と解釈するが（1章の訳文1-2を参照）、「法のごとく」を「作る」の修飾語句と見なすのは、漢文や韓国（朝鮮）語の語順からみても妥当とは言えない。

50）本稿では新城碑文の登場人物に対し、築造工事に直接携わった人物を工事従事者、彼らを各地域から動員した人物を動員者、そして両者を合わせて工事責任者と呼称している。

51）この「教」と「令」を異なる文と見なす解釈（1-8）もあるが、表現上、分けるべき必然性は見出せない。

52）このうち「（王に）お聞かせせよという教令（為聞教令）」（1-5）は、「為聞」の対象として王を補っているが、王をあえて補うべき理由が不明瞭であり、王に聞かせるべき内容が何であるのか、誰がいかにして王に聞かせるのかといっ

た伝達過程に関する説明もなく、訳としては不自然である。

53）大坂金太郎「慶州に於て新たに発見せられたる南山新城碑」（『朝鮮』235号、1934）

54）秋七月、築南山城、周二千八百五十四歩

55）朴方龍「明活山城作成碑의 検討」（『美術資料』41、国立中央博物館、1988）、76～77頁

56）李基白は、秦弘燮が新城碑の日付を工事の開始日だと指摘したことや、他の碑文にも２月に工事が多い点を根拠に開始日と見なす（「永川菁堤碑丙辰築堤記」、『新羅政治社会史研究』、一潮閣、1974、306～307頁）。これに対し田中俊明は、完成を記念して建てたものとする（「永川菁堤碑丙辰銘」、『韓国文化』5-3、1983、40頁）。

57）河日植（前掲論文、1993）、205頁。朱甫暾「南山新城碑文의 構造와 그 意味」（『慶州南山新城』、慶州市、2010）、321頁

58）石上英一（前掲書、1974、242頁）。閔徳植「新羅의 慶州 明活城에 관한 考察――新羅王京研究를 위한 一環으로――」（『東方学志』74、1992）、125～126頁

59）明活山城碑には加えて碑を立てた場所（工事担当区間か）が記されている。

60）「教令」は、「教事」の発令以降、別途に出された可能性が考えられる。

61）李晶淑「新羅真平王代의 政治的 性格――所謂 專制王権의 成立과 関連하여――」（『韓国史研究』52、1986）、22頁および27～28頁

62）朱甫暾（前掲論文、1994）、36～37頁

63）一方、築城工事にかかわる担当官庁の候補として、『三国史記』に京城周作典、例作府などがあるが、いずれも新城碑築造年以降の設置である。築城が軍事機密にかかわる技術であることを考慮すれば、その工事は兵部が担当（弟監か）した可能性もある。

古代チベットと金石文
概観と展望

岩　尾　一　史

はじめに

6世紀末から7世紀初頭にかけて初めての統一王朝を持ったチベット人たちは、驚異的なスピードで行政体制を作り、またそれを支えるための文字を7世紀前半には制定した[1)]。それ以来現在に至るまで、彼らはその文字に一部修正を加えながらも継続して使用し続けている。チベット文字で記された文献の数は膨大であり、現在でもその全貌は明らかではない[2)]。チベット人たちは当初文字を木簡に記していたと考えられているが[3)]、年代が判明しているチベット語文字現存史料のうち最も古いものは金石文である。本稿では、古代帝国期とその後数世紀にわたり使用された古チベット語による金石文を主題とし、その概観と展望について述べたい。

1　古チベット語金石文の概観

年代が判明している古チベット語金石文のうち最古のものといえば、少し前までポタラ宮前の広場にあるいわゆるショル碑文と考えられていた。碑文の成立は763年かそれより少し後である。しかし2011年、甘粛省天祝チベット族自治県にて古鐘が発見され、その鐘にはチベット皇帝ティデツクツェン（khri lde gtsug brtsan）（704-755頃）を顕彰する文が刻まれていたとの報告がされた（Lha mchog rgyal 2011）。もしこの鐘が本物であれば、ショル碑文よりも成立が古いということになる。

逆に古チベット語金石文のうち最も遅くに作成されたものは、張掖市甘州区博物館に収蔵される黒水橋碑文であろう（佐藤 *et al.* 2007；Iwao *et al.* 2009, p.85）[4]。この碑文は漢語・チベット語のバイリンガルで成立年は1176年である。したがって現存する古チベット語金石文の時代的範疇は8世紀前半から12世紀後半ということになる。

2016年7月現在、筆者が確認する限り、古チベット語金石文の点数は275点以上ある。その内訳は表1の通りである。

表1　古チベット語金石文の種類と概数

種類	計
石柱碑	24
岩・磨崖碑	110+
梵鐘	5
窟・寺院壁	129+
その他	7

表1の数字は一部概算も含み、また今後増加する可能性が極めて高いから、あくまでも現在の目安にすぎない。便宜上5種に区分したが、より細かくみると石柱や梵鐘にはじまり磨崖、小岩、石窟・寺院の壁面、金銀器など多種多様の媒体が存在する[5]。またテキストについても古代チベット帝国のツェンポ（皇帝）の勅令文のコピーから、地方の仏教僧による磨崖碑文、ポスト帝国期の兵士の残した祈願文、チベット語を話すウイグル人巡礼者の落書きなど様々であり、当時のチベット語話者社会の空間的・時間的広がりを反映しているのである。

2　研究史

表1に示すように、現在では一定の量と種類を有する史料群として知られるようになった古チベット語金石文であるが、実はその研究史は比較的浅く、本格的に始まったのは20世紀に入ってからであり、しかも金石文の全貌が明らかになったのは漸く21世紀になってからである。

金石文が本格的に研究されてこなかった理由の1つには、チベット人自身が金石文に大きな興味を抱かなかったことがあろう。チベット人たちが古代史に多大な興味を抱いてきたのは確かであり、そのために『王統明示鏡』をはじめとする歴史書が記され続けてきたのであるが、それにもかかわらず各地に残っていた古代の金石文を歴史史料と見なすことは一部の例外を除くと稀であったようだ[6)]。

もちろん金石文に興味を抱く人々が皆無であったというわけではない。18世紀のカトク・リクズィンツェワンノルブ（ka thog rig 'dzin tshe dbang nor bu）は古代碑文テキストを収集したことで有名であるが[7)]、しかし彼は例外的存在とみてよかろう。

もう一つの例外はラサのトゥルナン寺院前に現存する唐蕃会盟碑である。長らくトゥルナン寺の前にあったこの碑はチベット人にもよく知られ（注6も参照されたい）、その一部はチベットの史書に引用されていた。ただし当碑の本格的な研究はBushell 1880に始まるのであり、チベット語・漢語の合璧文を有する当碑は基本的に漢語金石文として扱われたのである。

チベット金石文研究が本格的に始まったのは、チベット地域に外国人が入るようになってからである。最初にチベット語の碑文の存在に注意を向けたのは、Godfrey Vigneで、彼はスカルド地域における幾つかのチベット語碑文の存在を1836年と1838年に報告している（Vigne 1836, 1838）。その後、ラダックを含む西チベットの金石文はモラヴィア教会の August H. Francke によって収集された[8]。

一方で中央チベットの碑文については、唐蕃会盟碑を除くと本格的な研究が出版されはじめたのは 1950 年前後からである。これは外国人が中央チベットで調査ができるようになったからで、特に Giuseppe Tucci と Hugh E. Richardson の実地調査が研究の嚆矢となった。前者の Tucci は 1948 年のチベット調査のときに碑文を採集したのであり、後者の Richardson はラサ滞在中にチベット各地に出かけて碑文を採集し、1950 年 9 月にラサを退去してイギリスに帰国後、陸続と碑文研究を発表し続けた。

また文化大革命の影響から脱しはじめた中国の学界においても、1980 年前後から碑文研究の成果が出るようになった。王堯がその代表で、1978 年にはすでに黒水橋碑文の研究を出版している（王 1978）。またこの時期の研究としては黄文煥の敦煌石窟チベット銘文についての論文があり、その後の研究史を考える上で重要である（黄 1980）。

1980 年代に入ってから新たな碑文の発表が相次ぐが、この時期の最も重要な動きは散発的に出版されていた金石文研究の成果がまとめられはじめたということである。1982 年、王堯は主要な 10 の碑文と 3 の梵鐘刻文を『吐蕃金石録』として発表した（王 1982）。また 1985 年に Hugh E. Richardson が今まで彼が個別に出版してきた 16 の碑文と 3 の梵鐘刻文を増補改訂した上で単行本として出版した（Richardson 1985）。さらに 1987 年に Li Fangkuei と South W. Coblin が先行する 2 書の成果を包括する形で 11 の碑文と 3 の梵鐘、そして敦煌莫高窟に残るチベット文 1 点をまとめて碑文テキスト集を出版した（Li and Coblin 1987）。3 書が扱う金石文にはそれぞれ出入があり、またテキスト読解も異同があるが、ともあれ 1980 年代に古チベット語金石文研究の研究基盤が確立したことは間違いなかろう。

同時にこの 3 書が扱う金石史料はその後のチベット金石学の展開も予見していて興味深い。特に 1987 年の Li and Coblin が莫高窟のチベット文を碑文テキスト集に入れたことは重要であり、それまで必ずしも重要視されなかった莫高窟の銘文がチベット金石学、ひいては古チベット語研究の射程に入る切掛けとなったのである。

とはいえ3書の出版後も新たな金石文が発見・出版され続けたのであり、2000年代に入ると、発見されている金石文の点数全体からみると3書がカバーしている部分の方が少ないという状況にまでなった。

同時に、碑文のカラー写真や拓本が徐々に公開され始めた。例えば、それまで幾多の研究が存在したにも拘らず白黒写真や不鮮明な拓本の写真しかなかったコンポのデモサ碑文のカラー写真が2000年に出版された（甲・王 2000：第1冊 pp.94-95）。さらに、かつてHugh E. Richardsonが撮った碑文の写真も、これまで公表か未公表であったかにかかわらず全てがオンラインで公開されるようになった[9]。

このように様々な形で金石文データが増大したのであるが、問題はそれらの情報とデータを集積する史料集が存在していなかったことであり、そのような状況のもとで企画・出版されたのがIwao *et al.* 2009である。古チベット語テキストのオンラインデータベースを構築するプロジェクトOld Tibetan Documents Online（OTDO）[10]のスピン企画として始まった当初は、基本的に王 1982、Richardson 1985、Li and Coblin 1987の3書で扱われた史料のみを対象としていたが、徐々に計画が肥大化し、最終的に現存する全金石史料の情報を集積し、そのうちで主要な史料31点のみのテキストを収録することになった。その結果、インダス河上流河畔やギルギット付近の岩石刻文群などを数えると170点以上の史料情報を集積することができたのである。同時に、主要史料31点のテキストについてはオンラインの古チベット語テキストデータベースOld Tibetan Documents Onlineにアップロードされ、他のチベット語文書と共に検索することができるようになった。

Iwao *et al.* 2009には幾つかの誤りや収録漏れがあったものの[11]、その出版意図自体は学界にて一定の評価を得たようだ[12]。興味深いことに2009年以降中国・チベットにて碑文集の出版が突然増加した。青海省在住の研究者Chab 'gag rta mgrinが古代から近代にいたるまでのチベット語碑文集を出版したのを皮切りとして（Chab 'gag rta mgrin 2012)、Pa tshab pa sangs bang 'dus (2013)、国家民族事務委員会全国少数民族古籍整理研究室（2014）が続々と出版されることになった。

また新碑文の発見も相次いでいる。なかでも衝撃的な発見は1章でも言及した、甘粛省天祝チベット族自治県にて見出された梵鐘である。2010年に発見されたこの梵鐘はすぐに2011年にチベット語論文として報告されたのであるが（Lha mchog rgyal 2011)、銘文によるとこの梵鐘はツェンポのティデツクツェン（khri gtsug lde brtsan 704-754頃）の時に鋳されたというから、先述のとおり現存する古チベット語史料のうちで最古ということになる[13)]。

このような状況を踏まえると、Iwao *et al.* 2009は早くも内容的に古くなってしまった部分がある。企画・出版に関わった筆者としては増補改訂版を出す責任を感じているが、取り急ぎその責めを塞ぐものとして、やはりIwao *et al.* 2009の出版に大きく関わったNathan W. Hillが訂正・補足情報 "Addendum: Recent research on early Tibetan inscriptions" (Manson and Hill 2013, pp.111-113）を出していることを述べておきたい。

3　金石文の種類と地域分布

今まで縷々述べてきたように、古チベット語金石文群は今や一定の点数と種類を有するに至ったのであるが、その結果チベット語金石文研究は個別のテキストを読解するだけでなく、金石文全体の分布と傾向を分析することができるようになった。そこで本章ではそのようなアプローチの初期的試みとして、出土地から金石文の種類と傾向をみていきたい。

出土地不明の金銀器や孤立している石碑などの例外的存在を除くと、

金石文は出土地を基準に4つの群に分けることができる。中央チベットを中心としたグループA、東チベットのグループB、西チベットのインダス川上流域のグループC、河西地域の敦煌石窟のDグループである。それぞれのグループには明白な特徴があるので、以下に説明する。

まずグループAに属する金石文は基本的に石柱碑かあるいは梵鐘である。これらは素材が石柱であったり、また梵鐘であったりと、作成意図が明白なモニュメントとして作成されている。書き手は明らかにチベット人で、その内容は盟約締結の記念や個人の顕彰碑、ツェンポからの特許状のコピーが多い。

典型的な例がサムイェ僧院の碑文である。796年に建立され、台座は破損して失われているもののテキスト自体は全て残っている。このテキストはサムイェ僧院が建設されたときに、ツェンポのティソンデツェンが仏教を保護することを誓約した文であるが、碑文テキストの末尾には「この誓約の詳細な文は内（gud）にある」とある。この文が示すのは、より詳細な内容の文が別に存在しており、碑文のテキストは概略版にしか過ぎないということである。そして、『賢者の喜宴』Ja章（108b2-111b2）にはサムイェ僧院に所蔵されていたというツェンポの勅令2種が全文引用されており、作者であるパヲ・ツクラクテンワ（1504-1566）はその2種をまとめたのがサムイェ碑文であると説明する[14)]。この詳細文の原文書は現在すでに失われたと考えられるが、パヲ・ツクラクテンワが存命の16世紀には、サムイェ僧院に詳細文が残っていたのであろう。また同じように『賢者の喜宴』にはカルチュン碑文の詳細文も所載するが（同書 128b1-130b5）、これも現在は失われた。

なお碑文テキストが概略のみであって詳細な文は別にあるということをテキストに明記するような例は、他にもシャ寺院前の碑文（東側）や唐蕃会盟碑があり、この方法が当時の中央チベットにおける碑文建立の慣例であったことがわかる。

写真1　サムイェ碑文（筆者撮影）

一方でグループBに属する金石文は全く異なる方法で作成されている。グループBは東チベットで発見された金石群であり、そのほとんどは自然の岩壁に文字を刻んでおり、例外なく仏教的内容を持つ。例えば玉樹県付近にあるレクパ渓谷には10点ほどの古チベット語磨崖碑が確認されているが、その大半が仏典をそのまま写したものであるし、それ以外は礼拝文である[15]。

グループB金石文のもう一つの特徴は、刻文がたいていの場合磨崖仏の傍にあることである。ダクラモ磨崖碑はその典型的な例であろう。四川省甘孜州石渠県洛須鎮にあるこの磨崖碑は、そびえ立つ巨岩の壁に描かれた線画の下に数行ほどで記される。テキストは2つ確認されるが、その一つにはツェンポのティソンデツェン（Khri srong lde brtsan）（755頃-797）が仏教を広め、仏寺を広く建立したことが言及されている。ティソンデツェンの仏教改宗は780年代であり、また彼は797年に逝去しているから、この磨崖碑も780年以降800年頃までに作成されたと考えられる。

また玉樹から25kmばかり南のビ渓谷（'bis khog）にあるビ・ナムナ

写真２　ダクラモ磨崖碑（筆者撮影）

写真３　ダクラモ磨崖碑テキスト部分（筆者撮影）

ン寺（'bis rnam snang）あるいは文成公主廟[16]にもやはり磨崖碑があるが、それには犬年（806）という紀年とツェンポのティデソンツェン（Khri lde srong brtsan）（800頃–815）が言及されている。この磨崖碑は元来やはり同じく崖に彫られている大日如来像の左端に位置しているが、後に大日如来像を保護するために寺院が建てられ、その結果碑の右端一部が寺院の壁によって隠されてしまった。つまり元来はビ渓谷の磨崖碑も磨崖仏像とのセットで考えるべきものであったはずである。なお寺院内部の壁には碑の後半を石版に翻刻したものが埋め込まれている。

写真4　ビ・ナムナン寺内の石板（筆者撮影）

グループCは西チベットで数多く発見された小碑石群である。岩の表面を石などで削って文字と絵画（仏塔が大半）を残す類が多い。このような仏塔＋銘文という類はもともとこの地域にある伝統的な様式であり[17]、チベット語の碑文も明らかにこの伝統を引き継いだものである。したがって書き手は多かれ少なかれ地域独自の文化に親しんでいたもの

写真5　アルチ周辺の小岩刻文（武内紹人氏撮影）

と考えられる。特にインダス川上流域で発見された小碑石群の書き手はチベット人も非チベット人もいたらしく、この小碑石群を実地調査した武内氏は、書かれた年代を9-11世紀、書き手をこの地域に駐屯していた兵士たちと推定している（Takeuchi 2013, p.55）。

グループDは河西回廊の敦煌莫高窟と安西楡林窟をはじめとする石窟壁面に残された銘文である。ごく少数の銘文を除くと、巡礼者たちの落書きばかりであるが、興味深いことに書き手はウイグル人、漢人、西夏人など非チベット人ばかりである。銘文の時代は、河西回廊を古代チベット帝国が支配していた8世紀後半～9世紀前半よりもそれより後に属するものが圧倒的に多い。

莫高窟のチベット語銘文はすでにPaul Pelliotが収集していたが（Pelliot 1981-92）、実際にテキストが公開されたのはそのごく一部にしか過ぎず、また研究対象となった銘文も数例しかなかった[18]。さらに安西楡林窟に至っては、チベット語銘文はほぼ研究されていなかった。唯一の例外は楡林窟第25窟の銘文で、それはテキストの内容もさることながら、題字枠が敦煌周辺をチベットが支配していた時期特有のT型であったから、という特殊な理由による[19]。つまり敦煌・楡林窟石窟のチベット語銘文の網羅的調査・研究はPelliot以降存在しなかったのである。

しかし実際に敦煌石窟にてPelliotの記録を頼りに調査をしてみると、Pelliot収集以外のチベット語銘文も存在すること、また特に楡林窟では全く未調査のチベット語銘文が一定数存在することが判明した[20]。これらチベット語銘文のほとんどが巡礼者の落書きであり、一条一条の情報量はさほどのものではないが、石窟の銘文群全体を一つの史料群として見た場合、後述するようにそこにある種の傾向を読み取れることは間違いないのであるが、筆者自身の調査によるチベット語銘文集成は別に出版の予定があるので、そちらを参照されたい[21]。

上記のように4つのグループに分けてみると、地理区分によって全く異なる種類の金石文が作成されてきたことがよくわかる。そしてさらにそれぞれのグループの書き手に注目すると、次のような傾向が明らかになる（表2）。まずグループAとBの金石文は明らかにチベット人の手により作成されたものである。しかしグループCには明らかに非チベット人の手による銘文が入り混じる。これがグループDになると、逆にチベット人の書いた銘文が見当たらない。より正確に言えば、グループDの銘文のうち書き手が分かるものは漢人、西夏人、ウイグル人といった非チベット人であって、逆に書き手がチベット人とわかる例は今のところ全く見つけられない。もちろん落書きの大半は無記名であり、その無記名銘文のうちにチベット人が書き手のものがある可能性は捨てきれないが、それにしても記名があるもののうちにチベット人が現れないことは顕著な特徴であろう。

このような銘文グループと主な書き手との相関関係の背景に、チベット帝国の版図とポスト帝国期における国際共通語としてのチベット語使用の広がりがあることは間違いない[22)]。特にグループDはポスト帝国期におけるチベット語使用の実例を豊富に含んでおり、国際共通語としてのチベット語使用研究の好材料になるはずである。今後も調査を進めることによって、学界に研究データを提供したい。

表2　銘文グループの地理区分と書き手の相関関係

グループ	地理区分	主な書き手
A	中央チベット	チベット人
B	東チベット	チベット人
C	ラダック	チベット人＋非チベット人
D	河西回廊	漢人、西夏人、ウイグル人等

4　まとめ

以上、古チベット語金石文研究の現況と概観についてごく簡単にまとめた。出土史料の情報公開と研究の深化、新出チベット語古典文献の大量の出版など、チベット史をめぐる史料状況は劇的に変わりつつあるが、金石文に関しても状況は同じである。この5年で金石文をめぐる研究環境は劇的に改善し、また新たな金石文も発見されつつある。特に新情報が現地の中国・チベットから断続的に発信されており、このような新情報を丹念に追いかけていくことが重要であろう。

一方で課題も存在する。それは実地調査の不足である。昔から知られる金石文についても、意外にまともな写真や拓本がなく、それがテキスト研究の阻害となっていることがある。一例を挙げると、東チベットにあるダクラモ碑文は少なくとも1982年にはその存在を知られるようになっていたが（Tsering 1982, pp.362-364）、テキストが判読できる写真は1997年に出版された不鮮明なカラー写真しかなく（Heller 1997, p.400, plates 2, 3）、テキストを読むためにはそれに頼る他なかった。2006年に拓本が公開されたが（故宮博物館・四川－文物考古研究院 2006）、それとて不鮮明で、実際に現地に行き鮮明な写真を撮ることがテキスト読解の第一歩であった。筆者がそれをようやく実現できたのは2014年のことである[23)]。

他にもこのような例は多くある。デンマダク碑文はやはり有名ではあるものの、公開された写真は碑文テキストの存在さえわからない不鮮明なものである[24)]。その意味では、多くの情報が存在する現在であっても、最も基礎的な碑文テキストの読解というレベルが満たされておらず、現地調査と鮮明な写真・拓本が今最も要請されている。ただし、簡単に現地調査といっても、軍事基地付近や国境地帯に現存していて近づくことすら難しい碑文もあるし、さらにチベット自治区における自由な調査旅行が著しく制限されている現在、外国人が大規模な碑文調査を行うことが難しいのも事実である。このような状況を一気に解決する方策を筆者はすぐに思いつかないが、現地の研究者と連絡を取りつつ一歩一歩着実に研究を進めることが最適な方法と考えられる。

〔付記〕本稿はJSPS科研費 JP26770244、JP26300023による研究成果の一部である。

注

1) チベット文字の起源と文字創成の年代についてはvan Schaik 2011を参照されたい。

2) チベット語文献の中でも比較的数が少ない歴史系文献でもMartin 1997によれば702種の文献がある。この数に伝記・自伝は一部有名なものを除き含まれていない。Bsod nams don grub 2000は伝記・自伝を含めた歴史書について2112種を挙げている。

3) 例えばUebach 2008を参照されたい。

4) 黒水橋碑文については今のところ佐藤 *et al.* 2007が最も参考になる。

5) 問題は、金石文の範囲である。特に難しいのが石窟や寺院の壁面に残る文である。壁面を刻んで書いた文字と筆やペンで書いた文字の両方があるのだが、後者が厳密な意味で金石学の対象であるのかどうか判断しがたい。しかし本稿では便宜上、筆・ペン書きであろうと金石を媒体とする限りは金石文として扱い考察の対象としている。

6) 例外として挙げられるのは唐蕃会盟碑と、本文でも扱うサムイェの石碑である。この2碑はトゥルナン寺院とサムイェ僧院という重要寺院にあることから、昔からチベット人にも知られていたが、他に関しては言及がある方が珍しい。石碑は歴史史料としてよりは崇敬の対象として扱われていたらしい。例えば現在ポタラ宮前のショル広場に建ついわゆるショル碑文は、本来ラサから12kmほど東のツェル・グンタンにある古墳の側に建てられており、古墳の主であるゲンラム・タクラルコンを顕彰するためのものであったが、ダライ・ラマ5世のときにポタラ宮前まで運ばれてきたことが判明している（Hazod 2009, pp.181-184; 2010）。しかしこれとて古代期の石碑をモニュメントとして利用した例でこそあれ、そのテキスト内容が重要視されたということではない。なお上記の説を提出したGuntram Hazodは、唐蕃会盟碑も12世紀ごろにギャマ（ラサから東に60km）からトゥルナン寺前に移動させられたという説を提示している（Hazod 2014, 特にpp.70-71）。

7) カトク・リクズィンツェワンノルブの残した碑文テキストは後にHugh E. Richardsonによってその重要性が認識されることになり、現在では磨耗した碑石テキストが復元されることになった（Richardson 1964, p.2; 1985, p.36）。カトクについてはまたRichardson 1967［1998］も参照されたい。なおRichardsonの使ったテキストは彼の他の遺稿とともにオックスフォード大学ボードレイアン図書館に所蔵されていることが、Manson and Hill 2013によって報告された。

8) 参考文献表にAugust H. Franckeの代表的著作を引用したので参照された

い。

9）The Tibet Album にアップロードされている。ただし写真のサイズは非常に小さく、ものによっては碑文テキストを読むことが極度に難しい。

10）OTDO の沿革については、Imaeda *et al.* 2007 の introduction を参照されたい。

11）最も大きな収録漏れは現在ブータンに保管されている古代チベット帝国時代の梵鐘破片である（Aris 1979: xxvii and pp.35, 112, plate 6）。その他についてはManson and Hill 2013, p.111 を参照されたい。

12）学界の反応の一例として任 2011 を挙げておく。

13）この碑文の成立時期ならびに内容の願文については、また任 2011, pp.174-5 も参照されたい。

14）「これら（＝2種の勅令）は詳細な文で倉庫に置かれたが、その概略でサムイェの碑文に刻まれた誓文は（以下のとおりである）」（『賢者の喜宴』111b2-3：'di dag ni rgyas pa dkor mdzod du bzhag pa yin la / mdor bsdus bsam yas kyi rdo ring la brkos pa'i gtsigs yig ni /）. また Tucci 1956, pp.43-50, 95-104, Richardson 1985, p.26 も参照されたい。なお、『賢者の喜宴』Ja 章にはサムイェ碑文テキスト自体も収録されている（111b3-5）。

15）Gnya' gong dkon mchog tshe brtan and Padma 'bum 1988を参照されたい。

16）中国では文成公主廟として知られるが、本来歴史的には文成公主と何の関係もない。

17）例えばJettmar 1987 を参照されたい。

18）敦煌莫高窟にて最も有名なチベット語銘文は第 365 窟のそれであろう。馬（1978, pp.24, 33, n.7）の言及と黄（1980）の紹介により学界に知られるようになったこの銘文は、Uray（1984, pp.350-51）が取り上げることによって欧米の学界にも知られ、チベット語碑文集のLi and Coblin 1987 にも莫高窟銘文の中で唯一取り上げられることになった（同書 pp.361-366）。

19）Imaeda 2007 を参照のこと。

20）チベット研究者ではなく、むしろウイグル研究者によってチベット語銘文は注目された。楡林窟第 25・36 窟にはチベット、ウイグルの合壁文が存在することを Hamilton and Niu（1998, pp.166-167）が指摘している。この銘文についてはまた松井 2008, pp.38-39 を参照されたい。

21）本稿執筆中の 2016 年 10 月現在、ウイグル語、西夏語、漢語銘文等とともに『敦煌石窟銘文集成』として東京外国語大学アジア・アフリカ言語文化研究所から出版される予定である。

22）ポストチベット帝国期におけるチベット語使用の広がりについては武内 2002, Takeuchi 2004 を参照されたい。

23）調査結果は現在出版準備中であるが、岩尾 2015 ではこのときの調査に一部言及している。

24）テキストについてはChab spel tshe brtan phun tshogs 1988 と Heller 1994

を参照されたい。写真はHeller 1994, p.347, plate 1に遠景があるのみである。

チベット語史料

『王統明示鏡』bsod nams rgyal mtshan, *rgyal rabs gsal ba'i me long*. 北京：民族出版社，1985.

『賢者の喜宴』dpa' bo gtsug rag phreng ba, *chos 'byung mkhas pa'i dga' ston,* part 4 (ja). Śata-piṭaka Series, Indo-Asian Literatures volume 9(4). New Delhi, 1962.

引用文献

Aris, Michael

1979 *Bhutan: The Early History of A Himalayan Kingdom*. Warminster: Aris and Phillips.

Bsod nams don grub（索朗頓珠）

2000 *bod kyi lo rgyus dpe tho*（『西蔵史学書目』）Lha sa: bod ljongs mi dmangs dpe skrun khang.

Bushell, Stephen. W.

1880 The early history of Tibet from Chinese sources. *Royal Asiatic Society of Great Britain and Ireland* 1880, pp.1–107.

Chab 'gag rta mgrin

2012 *bod yig rdo ring zhib 'jug*（『蔵文碑文研究』）Lha sa: bod ljongs mi dmangs dpe skrun khang.

Chab spel tshe brtan phun tshogs

1988 btsan po'i dus kyi brag brkos yig ris gcig gsar du mtsham sbyor zhus pa. *Krung go'i bod kyi shes rig* 1988-1, pp.44–53.

Francke, August Hermann

1902 *Dritte Sammlung von Felszeichnungen von Unter-Ladakh*. Leh.

1903 Some more rock-carvings from Lower Ladakh. *The Indian Antiquary* 32, pp.361–363 + plates v–viii + 2 colotype plates.

1905 Archaeological notes on Balu-mkhar in Western Tibet. *The Indian Antiquary* 34, pp.203–210.

1906 *First Collection of Tibetan Historical Inscriptions in Rock and Stone from West Tibet. Erste Sammlung tibetischer historischer Inschriften auf Felsen und Steinen in West Tibet*. Leh. Reedited and published: A. H. Francke and Prem Singh Jina, *First Collection of Tibetan Historical Inscriptions on Rock and Stone from Ladakh Himalaya*, Delhi: Sri Satguru Publications.

1906–7 Archaeology in Western Tibet. *The Indian Antiquary* 35 (1906), pp.237–241; 36 (1907), pp.85–98, 148.

1907a Historische Dokumente von Khalatse in West-Tibet. *Zeitschrift der Deutschen*

Morgenländischen Gesellschaft 61, pp. 583–614.

1907b *Second Collection of Tibetan Historical Inscriptions in Rock and Stone from West Tibet. Zweite Sammlung tibetischer historischer Inschriften auf Felsen und Steinen in West Tibet.* Leh.

1914a *Antiquities of Indian Tibet*, vol. 1. Superintendent Government Printing, Calcutta.

1914b Historical documents from the borders of Tibet. *Archaeological Survey of India, Annual Reports (1909–10)*, pp. 104–112.

1925 Felsinschriften in Ladakh. *Sitzungberichte der Preussischen Akademie der Wissenschaften, Phil.-hist. Kl.*, 30, pp. 366–370.

1928 A Tibetan inscription on the Darkōt pass. In: M. A. Stein, *Innermost Asia: Detailed Report of Explorations in Central Asia, Kan-su and Eastern Īrān*, 4 vols. Oxford: Clarendon Press, Oxford. Vol. 2, Appendix L, pp. 1050–1051.

Gnya' gong Dkon mchog tshe brtan and Padma 'bum

1988 yul shul khul gyi bod btsan po'i skabs kyi rten yig brag brkos ma 'ga'. *Krung go'i bod kyi shes rig* 1988–4, pp. 52–65, 75. Repr. in BYZ, 111–128.

Hamilton, James and Niu Ruin

1998 Inscriptions ouïgoures des grottes bouddhiques de Yulin. *Journal Asiatique* 286. 1, pp. 127–210.

Hazod, Guntram

2009 Imperial Central Tibet – An annotated cartographical survey of its territorial divisions and key political sites. In: B. Dotson, *The Old Tibetan Annals: An Annotated Translation of Tibet's First History, with an Annotated Cartographical Documentation by Guntram Hazod.* Wien: Verlag der Österreichische Akademie der Wissenschaften.

2010 Wandering monuments: The discovery of the place of origin of the Shöl stele of Lhasa. *Orientations* 41/3, pp. 31–36.

2014 The stele in the centre of the Lhasa Maṇḍala: About the position of the 9th-century Sino-Tibetan treaty pillar of Lhasa in its historical and narrative context. In: K. Tropper (ed.), *Epigraphic Evidence in the Pre-Modern Buddhist World: Proceedings of the Eponymous Conference in Vienna, 14–15 Oct. 2011.* Wien: Arbeitskreis für Tibetische und Buddhistische Studien Universität Wien.

Heller, Amy

1994 Ninth century buddhist images carved at Ldan ma brag to commemorate Tibeto-Chinese negotiations. In: P. Kvaerne (ed.), *Tibetan Studies: Proceedings of the Sixth Seminar of the International Association for Tibetan Studies, Fagernes 1992*, 2 vols, Oslo: Institute for Comparative Research in Human Culture, pp. 335–349, appendix to vol.I, pp. 12–19.

1997 Buddhist images and rock inscriptions from Eastern Tibet, VIIIth to Xth century. In: H. Krasser *et al.* (eds), *Tibetan Studies: Proceedings of the 7th Seminar of the International Association for Tibetan Studies, Graz 1995*, 2 vols, Wien: Verlag der Österreichischien Akademie der Wissenschaften, pp. 385–403.

Imaeda Yoshiro

2007 T-shaped inscription frames in Mogao (Dunhuang) and Yulin caves『日本西蔵学会々報』53, pp. 89–99.

Imaeda Yoshiro, Takeuchi Tsuguhito, Izumi Hoshi, Ohara Yoshimichi, Ishikawa Iwao, Iwao Kazushi, Nishida Ai, Dotson, Brandon

2007 *Tibetan Documents from Dunhuang Kept at The Bibliothèque nationale de France and The British Library*, Tokyo: ILCAA.

Iwao, Kazushi, Hill, Nathan W., and Takeuchi, Tsuguhito

2009 *Old Tibetan Inscriptions (Old Tibetan Documents Online Monograph Series vol. II)*. Tokyo: Institute for Languages and Cultures of Asia and Africa.

Jettmar, Karl

1987 *Between Ghandhāra and the Silk Road*. Mainz: Philipp von Zabern.

Lha mchog rgyal

2011 btsan po khri lde gtsug brtsan skabs kyi jag rong dga' ldan byin chen gtsug lag khang gi dril bu'i kha byang gi yi ger dpyad pa. *bod ljongs zhib 'jug* 2011–1, pp. 1–9.

Li, Fang-Kuei and Coblin, W. South

1987 *A Study of the Old Tibetan Inscriptions*. Taipei: Academia Sinica.

Manson, Charles and Hill, Nathan W.

2013 A *Gter ma* of negatives. H.E. Richardson's photographic negatives of manuscript copies of Tibetan imperial inscriptions possibly collected by Rig 'dzin Tshe dbang nor bu in the 18th century CE, Recently Found in the Bodleian Library, Oxford. In: K. Tropper (ed.), *Epigraphic Evidence: In the Pre-modern Buddhist World: Proceedings of the Eponymous Conference Held in Vienna, 14–15 Oct. 2011*. Wien: Arbeitskreis fur Tibetische und Buddhistische Studien Universitat Wien.

Martin, Dan

1997 *Tibetan Histories: A Bibliography of Tibetan-language Historical Works*. London: Serindia publications.

Pa tshab pa sangs bang 'dus

2013 *spu rgyal bod kyi rdo brkos yi ge phyogs bsgrigs kyi ma yig dag bsher dang de'i tshig 'grel dvangs sang gangs chu* (『吐蕃碑文与磨崖石刻考証』). Lha sa: bod ljongs mi dmangs dpe skrun khang.

Pelliot, Paul

1981–92 *Grottes de Touen-Houang: Carnet de notes de Paul Pelliot: Inscriptions et peintures murales*. 6 vols. Paris: Collège de France, Instituts d'Asie, Centre de Recherche sur l'Asie Centrale et la Haute Asie.

Richardson, Hugh Edward
1964 A new inscription of Khri Srong Lde Brtsan. *Journal of the Royal Asiatic Society of Great Britain and Ireland* 1964, pp. 1–13 + 1 Plate.
1967 A Tibetan antiquarian in the XVIIIth century. *Sikkim Bulletin of Tibetology* 4, pp. 5–8. 後に Richardson 1998 に再録。
1985 *A Corpus of Early Tibetan Inscriptions*. London: Royal Asiatic Society.
1998 *High Peaks, Pure Earth: Collected Writings on Tibetan History and Culture*. London: Serindia Publications.
Van Schaik, Sam
2011 A New look at the Tibetan invention of writing. In: Y. Imaeda and M. K. Kapstein (eds.), *New Studies of the Old Tibetan Documents: Philology, History and Religion: (Old Tibetan Documents Online Monograph Series vol. 3)*. Tokyo: Institute for Languages and Cultures of Asia and Africa. pp. 45–96.
Takeuchi Tsuguhito
2004 Sociolinguistic implications of the use of Tibetan in East Turkestan from the end of Tibetan domination through the Tangut period (9th–12th c.) In: P. Zieme *et al.* (eds.), *Turfan Revisited: the First Century of Research into the Arts and Cultures of the Silk Road*. Berlin: Reimer Verlag. pp. 341–348.
2013 Old Tibetan rock inscriptions near Alchi. *Journal of Research Institute: Historical Development of the Tibetan Languages* 49, pp. 29–69.
The Tibet Album. http://web.prm.ox.ac.uk/tibet/index.php.html
Tsering, Pema
1982 Epenkundliche und historische Ergebnisse einer Reise nach Tibet im Jahre 1980. *Zentralasiatische Studien* 16, pp. 349–404.
Tucci, Giuseppe
1956 *The Tombs of the Tibetan Kings*. Rome: Istituto Italiano per il Medio ed Estremo Orient.
Uebach, Helga
2008 From red tally to yellow paper: The official introduction of paper in Tibetan administration in 744/745. *Revue d'Etudes Tibétaines* 14, pp. 57–69.
Uray, Géza
1984 The earliest evidence of the use of the Chinese sexagenary cycle in Tibetan. In: L. Ligeti (ed.), *Tibetan and Buddhist Studies Commemorating the 200th Anniversary of the Birth of Alexander Csoma de Kőrös*. Vol. 2, Budapest: Akadémia Kiadó, pp. 341–360.
Vigne, Godfrey
1836 Iskardo inscription, *Journal of the Asiatic Society of Bengal* 6, p. 348 + No. 3 of plate IX.
1838 Tibetan inscription from Iskardo, *Journal of the Asiatic Society of Bengal* 7, p. 39

+ plate II.
故宮博物館・四川—文物考古研究院
2006 「四川石渠県洛須“照阿拉姆”磨崖仏石刻」『四川文物』2006-3, pp.26-30, 70, 100-101.
国家民族事務委員会全国少数民族古籍整理研究室
2014 『中国少数民族古籍総目提要・蔵族巻・銘刻類』北京：中国大百科全書出版社.
黄文煥
1980 「跋敦煌 365 窟蔵文題記」『文物』1980-7, pp.47-49.
岩尾一史
2015 「古チベット語史料を読む—古代の失われた記憶を求めて」『Field Plus（フィールドプラス）』14, pp.24-27.
甲央・王明星
2000 『宝蔵』全 5 冊，北京：朝華出版社.
馬世良
1978 「関於敦煌蔵経洞的幾個問題」『文物』1978-12, pp.21-33.
松井太
2008 「東西チャガタイ系諸王家とウイグル人チベット仏教徒：敦煌新発現モンゴル語文書の再検討から」『内陸アジア史研究』23, pp.25-48.
任小波
2011 「古蔵文碑銘学的成就与前景－新刊『古蔵文碑銘』録文評注」『敦煌学輯刊』2011-3, pp.164-176.
佐藤貴保，赤木崇敏，坂尻彰宏，呉正科
2007 「漢蔵合壁西夏「黒水橋碑」再考」『内陸アジア言語の研究』22, pp.1-38.
武内紹人
2002 「帰義軍期から西夏時代のチベット語文書とチベット語使用」『東方学』104, pp.124-106.
王堯
1978 「西夏黒水橋碑考補」『中央民族学院学報』1978-1，pp.51-63.
1982 『吐蕃金石録』北京：文物出版社.

凶儀における物品の授受に關する覚え書き
——S.4571v「(擬) 隨使宅案孔目官孫□謝大德慰問吊儀狀」を中心に

山　本　孝　子

はじめに

書儀では明確に指示されていないものの、手紙をやり取りするときには、贈り物を附すのが常であった。敦煌發見の手紙の實物を見ると、文中に共に送られる物品への言及があり、書面のあいさつだけで別に贈り物を用意していない場合には「空附（／付）單書」（S.4362、S.4677、S.4685、S.6058、SP.76など）といったことばが添えられる。一方、凶儀における贈り物については現存する資料に限りがあり、その實情は必ずしも明らかではない。先行研究においては、主に社邑文書や破歴を材料としつつ、「助葬（葬儀の援助）」や「營葬（葬儀の執行）」という側面から物品の授受について議論がなされることがあったが、それらは社の規定に基づく行為であったり、寺院や歸義軍衙内からの支出であり、個人對個人の状況を十分に反映するものではない。そこで、本稿では、S.4571vに見える隨使宅案孔目官孫□から大德に宛てられた吊いの手紙と品物に對する禮状を中心に、書儀・書簡文から關聯する資料を收集整理し、凶儀における物品の授受についてその一端を明らかにしたい。

1　S.4571v「(擬) 隨使宅案孔目官孫□謝大德慰問吊儀狀」の概要

S.4571は27 × 2175cm（IDPの情報による）からなる長巻で、rectoには「維摩詰經講經文」が書寫される。versoには貼り繼がれた用紙の最後の二紙にそれぞれ「(擬) 衙内部署使馮某謝狀」「(擬) 隨使宅案孔目官孫ㅁ謝大德慰問吊儀狀」の二通の手紙が記されているが、兩者に直接的な關聯はなく、二次利用する際にたまたま繋ぎ合わせられたものに過ぎない。

敦煌發見の手紙の實物は、日常的な付き合いの中でやり取りされた時候のあいさつ・通信文がその大半を占め、本稿で取り上げる「(擬) 隨使宅案孔目官孫ㅁ謝大德慰問吊儀狀」のように凶儀に關わるものはごくわずかしか殘されていない。しかしながら、敦煌發見の吉凶書儀においては、凶儀に關する記述は吉儀と同量あるいはさらに上回るほどの紙幅が割かれ、吊書とその答書の文例を収録するだけでなく葬送儀礼の次第などについても詳しく記されている。ただ、敦煌吉凶書儀の現存箇所にこの種の禮狀は含まれておらず、その不足を補うことのできる資料として本文書は注目に値する。

1-1　釋文・試譯

まずは、以下に釋文と譯文を提示する[1)]。

1　錢財駞馬壹箱、酒壹瓶。
2　　右伏蒙
3　　大德眷私、以延滔遐聆
4　　訃告方積哀摧、過垂

5　慰問之
6　緘封、特遺
7　吊儀之
8　厚禮。彌增悲感、益認
9　優隆。已依
10　仁旨、祗留訖。謹修狀陳
11　謝。伏惟
12　照察。謹狀。
13　　　三月　日隨　使宅案孔目官孫□[2)]狀

金錢駞馬一箱、酒一瓶。

右、伏して大德さまのご厚情を賜り、延滔の訃報を遙かに聞いて悲しみ悼む氣持ちをつのらせ、遠くよりお悔やみのお手紙をたまわり、吊いの品をお送りいただきました。悲しみの氣持ちは增すばかりですが、ご厚誼にあずかりました。すでに慈しみ深いおぼしめしに甘えて、頂戴いたします。謹んで書面にてお禮申し上げます。お目通しください。謹狀。

三月　日隨使宅案孔目官孫ロ狀す。

1-2　内容

すでに述べた通り、本文書は13行目に署名のある孫ロから3行目に見える「大德」と呼ばれる高僧に宛てられた「禮狀」である。3行目に言及される「延滔」の他界を受け、本文書に先立って大德は孫ロに悔やみの手紙（「慰問之緘封」）と吊いの品（「吊儀之厚禮」、具體的には「錢財駞馬壹箱」と「酒壹瓶」）を送っていた。この悔やみの手紙は、敦煌吉凶書儀に數多く收録される「吊書」に則ったものであっただろう。贈り物については吉儀と同様に書儀に指示はないものの、ささやかな品を用意して氣持ちを傳えることについては、凶儀も例外ではなかったようである。この點に關しては、次章以降別資料に基づき確認したい。

本文書の差出人である孫□は、書面と贈り物による吊いを受けていることから、亡者・延滔の近親者、つまり喪に服すべき範圍、「五服」の關係にある人物であったはずである。また、ここでは親族名稱を用いず、「延滔」と記されていることから、延滔は孫□より下の世代、子（／めい・おい）あるいは孫（／曾孫／玄孫）であったと考えられる[3]。

文書の作成年代については、13行目に「三月　日」としか記されていないので具體的年代を特定することは難しいが、「伏惟照察」の定型句が用いられていることから、10世紀頃と見て問題ないだろう[4]。

2　書儀に見える凶儀の禮狀の書式

つぎに、「(擬) 隨使宅案孔目官孫□謝大德慰問吊儀狀」に關聯する禮狀の書式について確認したい。

2-1　『五杉練若新學備用』

南唐・應之『五杉練若新學備用』巻中には次のような記述が見える。

> (A) 在孝制中、除修答慰書外、有送祭賻殩禮上靈香等、即隨修謝書俗書百日外方有書、若僧家不同俗、云「大宿夜」。多見如俗家屈人備空茶祇候已來、深是乖謬也。若齋七屈人、當作疏子屈齋甚好。又見僧與小僧設齋七作疏文、廣引言詞、及言追薦生界之語、深不合徹。當但「某奉為先師和尚、某日設見前齋、用嚴報地或云「上嚴覺路」[5]」、餘並不得別言也下有疏子樣[6]。謝上靈香紙或茶、但言「某啓」、了謝即脫俗。若引物、即「(B) 右伏蒙尊慈或云「仁慈」、以先師和尚真寂、特賜靈香茶、不任悲感之極、謹奉狀陳謝。不次。謹狀。如當書月日小作簽子端謹書。」若謝尊人合具大狀者、即除「某啓」、著具銜後名、「右伏蒙」也。書即腰封。或謝殩禮賻並依前書詞迴

謝尊人。有單書來慰、合置文狀謝者、只置云「以先師真寂、特降書曲慰問」、便以文狀躰例合然。若有粲禮之物、即具謝後低一字列物數、卻起半字來著「右伏蒙」。「牒件」齊前面銜高低。又大凡謝物前有物色後、即云「右伏蒙」。或屈人前列某人後、即云「右來日祇迎見」。凶吉謝書不言物色、不著「某啓」、便著「右伏蒙」。屈前人不列人、便著「右來日」、此深為取笑也。慎勿效之。

（下線・アルファベットは筆者による）

服喪制度においては、慰書（慰問の手紙）への返事のほか、祭賻（葬儀を執り行うための金銭的援助）や粲禮（不幸のあった家へ贈る食べ物）を送られたり、香を上げてもらったりした場合には、禮狀を書く（世俗では百日を過ぎてはじめて手紙を書くが、出家者と俗人で異なるとすれば「大宿夜」という）。俗家では心付けのお茶を準備して人を招きあいさつするようなことが多く見られるが、それは間違いである。七七齋に人を招くのであれば、疏子を書いて齋に招くのがよい[7]。また、僧や小僧が七七齋を設ける（通知の）疏を書くのにことばを選ぶが、死者の冥福を祈ることばを述べるのは適当ではなく削るべきである。ただ「某、先師和尚のために奉りて、某日見前の齋を設け、用嚴報地す（あるいは「上嚴覺路す」）」とだけ記し、他に余計なことを書いてはならない（下に疏子の書き方を收録する）。靈香や靈紙、茶を供えてもらったことに對する禮は、ただ「某啓」から書き始めて禮を述べれば、俗に流れることはない。もし貰った品に言及するのであれば、「右、伏して尊慈（或いは「仁慈」という）を蒙り、先師和尚の眞寂するを以て、特に靈香茶を賜り、悲感の極みに任えず。謹しんで狀を奉り謝を陳ぶ。不次。謹んで狀す（日付を書くべき場合には、小さく簽子（付箋のようなもの）を用意して端の方に謹んで記す）」と述べる。目上の人で大狀の書式を用いるのが相應しい相手に禮を述べる場合には、「某啓」は省き[8]、官銜とその後に名前を書いて、「右伏蒙」から始まる本文が續く。手紙は腰封で封緘する[9]。物的・金銭的援助に禮を述べる場合は、すべて前の書式（＝（B）の部分）に據る。目上の人から單書の書式で弔いを受け、文狀[10]の書式で禮を述べるのが相應しい場合には、ただ「先師の真寂を以て、特に書曲慰問をくだされり」という。文狀の體例が相應しい場合で、縩禮の品があれば、謝禮を書いたあと一文字下げて物の數を列擧し、半文字分下げて「右伏蒙」と書き起こす。「牒件」は冒頭の官銜と高さをそろえる[11]。また大抵の場合、物品に對する禮狀では、冒頭にその品目を書いたのち、「右伏蒙」と本文を續ける。人を招く場合、まずその人の名前を列擧し、「右來日うやうやしく迎え見えん」という。凶吉の禮狀では品目を述べず、「某啓」と記さず、「右伏蒙」と書く。人を招く場合、「右來日」から書き始めるのは、はなはだ失笑を買うべきものであり、倣うことのなきよう気をつけよ[12]。

一部文意が摑みづらい箇所もあるが、下線部（A）にある通り「慰書への返事のほか、祭賻や縩禮を送られたり、香を上げてもらったりした場合には、禮狀を書く」必要があったことがわかる。そして、弔いが書面だけであったのか、葬禮のための物的・金銭的援助の有無、死者への供物の有無、受取人と差出人との關係など状況に應じて、書式が使い分けられている。特に、下線部（B）に見える禮狀の模範文はS.4571vと大きく異なるところがなく、末尾の定型句に若干の違いがあるものの、「右」からはじまる本文、「以」に導かれる死者の稱呼と死を意味する表現、受け取ったものへの言及など構成は共通していることが確認できる[13]。ただ、凶儀では多くの場面において喪の輕重によって用語や書式の區別があるが、ここからは讀み取ることができない。また、喪の輕重と物品の種類・數量との關聯も特に言及されない[14]。

2-2　敦煌寫本書儀

現存する敦煌寫本書儀から凶儀における物品の授受に關わる資料を見出すことはできず、凶儀における禮狀として P.3691『新集書儀』「謝助葬物」が擧げられるのみである。ここに引用する。

ム乙微賤、不幸卑門凶禍。伏蒙仁恩、特賜助葬優給、下情無任感恩惶懼。

わたくしめは卑しい身であり、不幸にも一族にわざわいが降りかかりました。伏して仁恩を蒙り、わざわざ助葬のための品をたくさん頂戴し、わたくしめは感謝に堪えず恐れおののいております。

ここでは必要最低限の語句しか示されておらず、冒頭・末尾の定型句も省略されている。S.4571v のように最初に具体的な物品名が述べられていたのかどうかも不明である。

3　S.4571v に見える物品の用途

S.4571v では吊いの品として「錢財駞馬壹箱、酒壹瓶」が送られている。では、これらの品は一聯の葬送儀禮において、どのように用いられたのであろうか。

3-1　「錢財駞馬壹箱」

「錢財駞馬」については、ひとまとまりのものとして「箱」を單位としていることから、「錢財」と「駞馬」は同じ性質のものであったはずである[15]。よって、「錢財」は先に引用した『五杉練若新學備用』の「祭賻」に當たる金錢ではなく、「駞馬」についてもまた生きた動物や副葬品としての唐三彩のようなものではないだろう。「錢財」と「駞馬」の用途について、それぞれもう少し詳しく見ていくことにしたい。

P.2622『新集吉凶書儀』には「錢財」について、次のような記述が見える。

（A）［　缺損　］ロ得地、則孝子自將酒脯、五方綵信[16]、鋪座、錢財［　缺損　］

……孝子は自ら酒や脯、五方綵信をもって御座を敷き、錢財を……

（B）諸父母在遠亡歿、使者到、即鋪一領地席、屏風錢ロ香爐、將告哀書讀、即號踊哭ロ、聞哀訖、即奔喪。

父母を遠方において亡くし、（その死を知らせに來た）使者が到着したら、御座を敷き、屏風・錢ロ・香爐を準備して、告哀書を讀み、號び哭す。告哀書を聞き終えたら、喪に驅けつける。

（C）燒錢財訖、兄弟子姪於中門外娶（聚）泣、相慰即散。

錢財を燒き終わったら、兄弟子姪は中門の外に集まって泣きながら互いに慰め合い別れる。

（下線・アルファベットはすべて筆者による）

特に（C）から明らかなように「錢財」は葬儀にかかる費用ではなく、死者のために燒く紙錢である。紙錢については、唐・封演『封氏聞見記』巻六「紙錢」に、

今代送葬、為鑿紙錢。……其紙錢、魏晉以來、始有其事。今自王公逮於匹庶、通行之矣。

今の葬送儀禮では紙錢を使う。……紙錢は魏晉の頃にはじめて用いられるようになった。今では王公から庶民に至るまで、廣く行われている

とあるほか、『新唐書』「王璵傳」にも

漢以來葬喪皆有瘞錢、後世里俗稍以紙寓錢爲鬼事，至是璵乃用之。

漢代以來葬祭にはみな瘞錢というものが用いられていて、後世の里俗では紙を錢に見立てて鬼事（死者の祭祀）を行ったので、王璵もこのようにした。

との記録がある。當時一般的に行われていたことがわかる。

「駞馬」については書儀に言及がないものの、「錢財」と同じく紙製のものであったと推測される。當時紙製の馬が祭祀に用いられていたらしいことが確認できる。唐・鄭還古『博異志』王昌齡に次のように見える。

> 開元中、琅邪王昌齡、自吳抵京國。舟行至馬當山、屬風便、而舟人云、「貴賤至此、皆合謁廟、以祈風水之安。」昌齡不能駐、亦先有禱神之備。見舟人言、乃命使賫酒脯紙馬獻於大王、兼有一量草履子上大王夫人。
>
> 開元年間、琅邪の王昌齡は呉から京に到着した。船が馬當山に通りがかったとき、追い風で、船頭が言った。「貴賤に關わらずここに來たらみな廟に參拜して道中の無事をお祈りするのです。」船頭を見て言った。「では使者に命じて酒・脯・紙馬を持ってこさせて大王に獻じ、一足の草履を大王の夫人に奉ることにしよう。」

廟への供物のひとつとして「紙馬」が擧げられている。傳奇ではあるが、當時の風俗習慣を反映するものと捉えて差し支えないであろう。一方の駞については、管見の限りではあるが葬送儀禮に用いられたことを裏付ける文獻資料を見いだすことはできない[17]。もともと中國に生息する動物ではないこともあり、馬に比べると駞は一般的ではなかったのかもしれない。

このように葬送儀禮において紙が使用されていたことは破歴によっても裏付けられる[18]。P.4640「己未年～辛酉年（899～901）歸義軍衙内破用用紙布歷」には「支與靴匠安阿丹助葬粗紙壹帖（靴職人・安阿丹の助葬のために粗紙一帖を支給する）」（53～54 行目）、「支與氾乾眞助葬粗紙兩帖（氾乾眞の助葬のために粗紙二帖を支給する）」（65～66 行目）、「支與押衙曹光進助葬粗紙兩帖（押衙・曹光進の助葬のために粗紙二帖を支給する）」（68～69 行目）、「支與巡官助葬細紙壹束、粗紙壹束（巡官の助葬のために細紙一束、粗紙一束を支給する）」（220～221 行目）など「助葬」のための紙の支出が確認できる。これらの粗紙は、おそらく反故紙で、「錢財駞馬」のほか、トルファン出土の四神のかたちに切り抜かれた紙、紙製の履物、あるいは紙棺のように加工して用いられたものと思われる[19]。また、S.6249「歸義軍時期資庫司紙破歴狀稿」には「准舊佛現忌日齋、打錢紙壹帖、法事紙壹帖（前例に従って佛現の忌日の齋に打錢紙一帖、法事紙一帖を支出してください）」（2〜3 行目）「准舊北宅小娘子忌日齋、打錢紙壹帖（前例に従って小娘子の忌日の齋に打錢紙一帖を支出してください）」（3〜4 行目）とあり、忌日齋においても紙製品が用いられている。よって、容器に納められていた「錢財駞馬」が紙のものであった蓋然性は高い。

3-2 「酒壹瓶」

「酒」については、破歴や社司轉帖に「納贈」すべきあるいは「助葬」のための物品として頻見される[20]。また、祭文の中でも供物のひとつとして「酒」「清酌」「單酒」「單酌」といった表現が見え、その例は枚擧に暇がない。これらの酒は、死者を祭るために地面に注がれたものと考えられる。P.2553「王昭君變文」にも漢の皇帝の使者が王昭君の眠る青塚で「酒必重傾（酒は必ず重ねて傾ける）」する場面が描寫されている。

3-3 「弔儀之厚禮」

S.4571v に見える「錢財」「駞馬」「酒」ともに供物であることから、葬送儀禮のどの段階で送られたかについては特定し難い。P.3637『新定書儀鏡』には「初喪」「小祥」「大祥」「除禫」「起服從政」「經節」といった各段階における弔いの手紙が收錄され、P.3691『新集書儀』では「小殮」「二殮」「臨葬」「臨壙」「殯埋畢」「葬迴」「諸追七日」「百日」「小祥」「大祥」「除服」「諸節日」における口頭での弔いのことばが示されている[21]。このような「慰問之緘封」に添えて、「弔儀之厚禮」は送られていた。また、『五杉練若新學備用』に「在孝制中」とあったように、服喪中であれば時期は限定されず、弔いのことば遣いとは異なり、物品の授受に關しては同様の作法が通用したものと思われる。

4　凶儀における物品の授受と禮状

破歴においては凶儀に關わる支出は「納贈」「助葬」「弔孝」の三つが上げられている。三者の違いについて、S.4571v や P.3691『新集書儀』「謝助葬物」といった禮状との關係に着目して考察を進める。

まず、「納贈」については先行研究においても指摘されている通り、寺院や社といった所屬する組織ごとに各自が分擔すべき品目・數量に規定があり、さらには不足や遲延に對する罰則も設けられた「義務」であった[22)]。現存する書儀・書簡文に「納贈」に對する禮状が見えないのは、單に散佚してしまったからというわけではなく、これが社という互助組織内での義務であることに加え、面と向かって禮を言うことができる距離に暮らしていたため、わざわざ書面で禮を述べる必要がなかったためではないかと考えられる[23)]。

「納贈」と「助葬」、「納贈」と「弔孝」は同一資料中で使い分けがなされており、異なる概念であることは明らかである[24)]。では、「助葬」と「弔孝」についてはどうであろうか。兩者を比較しながら檢討していきたい。

破歴においてまず気付くのは、「弔孝」の場合には、必ず亡くなったのが誰であるかが述べられる點である。例えば、P.2049v「後唐長興二年（931）正月沙州淨土寺直歳願達手下諸色入破歴算會牒」には「布陸尺、王都料令孤都料通弔用。布捌尺、張家阿婆亡時、弔都頭及小娘子用（布六尺を王都料・令孤都料のふたりを弔うために用いた。布八尺を張さんのところの母親が亡くなった時に都頭および小娘子を弔うために用いた）」

（422～424 行目）、「布叁尺、康博士女亡吊孝用、布肆尺、呉法律弟亡吊用（布三尺を康博士のむすめが亡くなったときに遺族を吊うために用いた。布四尺を呉法律の弟が亡くなったときに吊うために用いた）」（425～426 行目）や、P.2032v「後晉時代淨土寺諸色入破歴算會稿」には「布三疋、願真兄亡吊孝用（布三疋を願真の兄が亡くなったときに遺族を吊うために用いた）」（118-119 行目）、「布叁尺、呉僧政姪亡吊孝用（布三尺を呉僧政の姪が亡くなったときに遺族を吊うために用いた）」（191 行目）、「布二尺、康都料姊亡時吊用（布二尺を康都料の姉が亡くなったときに吊うために用いた）」（790 行目）といったように、故人と實際に物品を受けた遺族の情報が示されている。

一方、「助葬」については、先に 3-1 で引用した P.4640「己未年～辛酉年（899～901）歸義軍衙内破用用紙布歴」や P.4640「己未年～辛酉年（899～901）歸義軍衙内破用紙布歴」「支與押衙羅文達助葬粗布叁疋（押衙・羅文達の助葬のために布三疋を支出する）」（8-9 行目）のように誰が亡くなったかについては必ずしも明記されない。言及がある場合でも、S.2474「庚辰～壬午年間（980～982）歸義軍衙内麵油破歴」「支與阿朵妻身故助葬、麵三石、油一斗（阿朵の妻が亡くなったので助葬のために小麥粉三石、油一斗を支出する）」（35-36 行目）のように、助葬の對象者との關係において觸れられるに過ぎない。

このような違いは禮狀にも反映されているように見える。S.4571v「（擬）隨使宅案孔目官孫ロ謝大德慰問吊儀狀」では「以延滔遐聆訃告」とあるのに對し、P.3691『新集書儀』「謝助葬物」では「不幸卑門」としか述べられていない。「助葬」は文字通り葬儀を營む遺族への援助であり、故人との付き合いよりは遺族との人間關係に基づく行爲であったことが理由として考えられる。そして、「吊孝」は生前交際のあった人物の死を悼んで贈られるもので、形式上の受取人は同じく葬儀を執り行う遺族ではあるが、實質は故人への氣持ちを表す供物であった。このように性質が異なるため、『五杉練若新學備用』においても、「並依前書」としながらも「謝上靈香紙或茶」と「謝瘞禮賻」を區別して説明を加えたものと推測される。

おわりに

以上、S.4571v「(擬) 隨使宅案孔目官孫ロ謝大德慰問吊儀狀」の内容について、凶儀における物品の授受に着目し分析を加えた。「慰問之緘封」とは異なり、「助葬」「吊孝」を問わず、物品の數量と喪の輕重や受取人の身分・立場に相關關係は見られない。「助葬」や「吊孝」については、「納贈」のような「義務」ではなく普段の付き合い、人間關係に基づいて自らの意志で行われたものであったためと考えられる。吉儀における贈り物と同じく、相手のことを慮ってその時々の狀況に合わせて適當なものが選ばれていたのである。

参考文献(アルファベット順)

郭永利 2005:「晚唐五代敦煌仏教寺院的納贈」『敦煌学輯刊』2005 年第 4 期, 77-83 頁

郝春文 1998:「唐後期五代宋初敦煌僧尼遺產的處理與喪事的操辦」『敦煌研究』1998 年第 3 期, 34-46 頁

洪藝芳 2000:『敦煌吐魯番文書中之量詞研究』臺北:文津出版社

　　　 2004:『敦煌社會經濟文書中之量詞研究』臺北:文津出版社

伊藤美重子 2002:「敦煌の吉凶書儀にみる凶儀について」『お茶の水女子大學人文科學紀要』第 55 卷, 51-65 頁

寧可・郝春文 1995:「敦煌社邑的喪葬互助」『首都師範大学学報(社会科学版)』1995 年第 6 期, 32-40 頁

山本孝子 2013:ハコを用いた封緘方法—敦煌書儀による一考察」『敦煌寫本研究年報』第 7 號, 281-296 頁

注

1) S.4571v の解釋については、2016 年 5 月 28 日の大阪大學西域出土漢文文書演習の際に、荒川正晴先生、松井太先生、坂尻彰宏先生、赤木崇敏先生をはじ

めとする參加者から頂戴した意見を參考にした。ここに記して感謝の意を表したい。

2）『真跡釋録』5, 34頁では「海」に作る。Giles目録ではこの人名を「孔孫一」としている。寫本寫眞と比べても確定しがたいため、暫時「ロ」とする。

3）實際、子や孫の世代に對しても吊いの品が送られていたことが確認できる。P.2040v「後晉時期淨土寺諸色入破歴算會稿」には「布二尺五寸、康都料孫子亡吊孝用」と見える。ただし、書儀では差出人が自身の身内について言及するときは名前ではなく「愚子」「愚息」「愚姪」といった表現が用いられている。

4）唐代の書儀には「伏惟照察」の語は見られず、私信の末尾において使用が確認できるのは五代期以降の書儀、とりわけ表状箋啓書儀においてである。また、本文書では差出人・孫ロと受取人・大德の上下關係をはっきりと讀み取ることはできないが、本稿2-1に引用する『五杉練若新學備用』の記述のように書簡の冒頭に「具銜」されていないところから、10世紀前半にさらに限定できるかもしれない。

5）「或云「上嚴覺路」」は原文では本文と同じ大きさの文字で記されるが、文脈から註釋であると判斷した。

6）原文には「下答有疏子様」とあるが、文脈から「答」は衍字であると判斷した。

7）お禮の手紙は單獨で準備すべきであり、他の用件は書式を改めるべきことをいうのだろう。『五杉練若新學備用』にはお茶に招くための疏子（「屈尊人」「平交人」「其次人」）や齋に招くための疏子「屈齋疏」が收録されている。

8）『五杉集』では、大狀の冒頭に「某啓」と書かないことが繰り返し註記されている。

9）「腰封」については、管見の限り『五杉集』「單幅書」の註釋にもう一箇所言及が見られるのみで、具體像は不明である。ただ、『新編事文類要啓劄青錢』巻之九・前集・寫名刺式「凡名刺、用好紙三四寸闊、左巻如著大、用紅線束腰、須真楷細書。或倉卒無絲線、則剪紅紙一小條、就於名上束定亦得。凡卑見尊者名刺以小為貴」「凡居父母喪刺、則以右捲、不可剪齊紙上下、仍用白線或白紙條、於名上束定、其他服、用粉青茸左捲」から推測するならば、書き終えた手紙を巻いてその中央部をヒモで縛る封緘方法であり、その手紙の內容・性質に拠ってヒモの色を替えていたのではないだろうか。

10）「文狀」については對應する文例を見出すことができず、どのようなものであったのか現時點では十分に把握できていない。今後の課題としたい。

11）先に出てきた「大狀」の形式のように冒頭に官銜を記す書式であったと考えられる。『五杉集』には別に「前銜書（／狀頭書）」という書式も見えるほか、P.3449+P.3864「（擬）刺史書儀」（後唐）に類例が多いことから、五代期にはこのような書式がかなり普及していたようである。ただ、S.4571vは當てはまらない。

12）「凶吉謝書不言物色、不著「某啓」、便著「右伏蒙」。屈前人不列人、便著「右

來日」、此深為取笑也。慎勿效之」については、具體的にどのような手紙について説明しているのか、詳らかではない。

13）また、吉儀においてもよく似た書式が用いられており、冒頭に受け取った物品の内譯が記され、「右」からはじまる本文が續き、末尾は定型句で締めくくられる。ここに一例としてP.2646『新集吉凶書儀』「謝賜物狀」を引用する。

某色目物

右伏奉委曲、特賜前件物、棒（捧）受驚悚、惶駭失圖。厶散蒙（劣）常材、謬蒙駈榮（策）、涓塵無補、勞效未彰、夙夜憂心、實懼罪責（如是刺史城史（使）即云監（濫）叨城役素乏公方、行善無問（聞）、實［懼］罪責）。豈謂恩光薦及、賞賚仍加、感荷之情、倍百常品。限以卑守、拜謝未由、無任悚懼感戴之至。謹差厶乙奉狀陳謝。謹錄狀上。

（開項言）牒件狀如前。謹牒。厶年厶月日厶乙牒

改行して陳べる（「開項言」）「牒件狀如前」の語など、S.4571vに比べて『五杉練若新學備用』により近い部分も確認できる。

14）社の規定では社の構成員と亡くなった人の關係に應じた制限がある。

S.2041「唐・大中年間（847-860）儒風坊西巷社社條」

丙寅年三月四日上件巷社因張曹二家衆商量、從今已後社内十歳以上有凶禍大喪者、准條贈。

S.8160「社條」

凡為合社者、或有追贈死亡、各自家中同居合活、不諫（揀）▭

姪男女十歳與（以）上、惣以贈例、各遂淨粟壹斗。

S.5629「燉煌郡等某乙社條壹道」

若社人本身及妻二人身亡者、贈例人麥粟及色物准數、……其社人父母亡沒者、吊酒壹瓮、人各粟壹斗。

15）「錢」や「金錢」、「家財」を數えるときの量詞は「文」「堆」「貫」「亭」など、生きた動物の「駞馬」の場合は「頭」や「頭疋」が用いられる。［洪藝芳2000］196、202-203頁參照。ここでは「錢財駞馬」の總量として「壹箱」と記されるだけで、内譯はわからない。また、敦煌の資料では、手紙や贈り物を入れる木製のハコは「函」の文字が當てられ（［山本2013］）、［洪藝芳2004］283頁に容器量詞として擧げられるが、この「錢財駞馬」以外に使用例はなく、その容量は不明である。

16）上博48「後唐清泰四年（935）八月十九日曹元深等祭神文」中に「今既吉辰良日、奉設微誠、五綵信弊（幣）、金銀寶玉、清酒肥羊、鹿脯鮮果、三屠上味」とあり、よく似た物品が用いられている。書儀に見える「五方綵信」とはどういったものであったのか詳らかでなく、上博48に基づくならば「五綵信幣」の誤りではないかと疑われる。

17）繪の用途はわからないが、1919,0101,0.77（Ch. 00207）に兩面に文字が記された用紙を再利用して馬と駱駝が彩色で描かれている。このほか、1919,0101,0.352 Rectoに馬の後ろ姿を描いた斷片、ベルリン國立アジア美術館所藏品MIK III 7587（コータン出土）に彩色の馬、P.3951とP.4717にそれぞれ馬と駱駝の白

描畫が殘されている。また、唐代の墓地から出土した陶器製駱駝の例は少なくなく、敦煌の葬送儀禮において「紙駝」が使用されていたとしても不思議ではない。

18）［寧・郝 1995］に社での營葬の互助活動に用いられる物品として擧げられるのは、食品類・食品を調理するための燃料である柴・布類であり、紙類は含まれていない。

19）なお、P.4640では「又城東賽神用畫紙叁拾帳」、「賽青苗神用錢財紙壹帖」と、祭祀のために支出される紙はすべて「畫紙」「錢財紙」のように用途が定まったものである。助葬では「粗紙」「細紙」であり、受け取った側、つまり葬儀を執り行う遺族が必要に應じて自由に加工できる状態で贈られている。ただし、「助葬」「吊孝」のために用意されたものでも「布」のように用途を特定しないものがあり、葬送儀禮で供される物品が必ず加工濟みであったとは限らない。

20）「瓶」は［洪藝芳 2004］283頁に「酒」を量る容器量詞として擧げられるが、容量は不明である。多くの場合、凶儀における酒の支出は「一瓮」を單位としている。P.5032v「轉帖」「右緣孫灰子身故、准例合有吊酒一瓮」；敦研001「歸義軍衙内酒破歷」「支迴鶻婆助葬酒壹瓮」；P.4525（10）「歸義軍衙内付酒歷」「大孔目官吊孝閻家酒壹瓮」など。

21）葬儀の次第について詳しくは［伊藤 2002］參照。

22）［郝春文 1998］、［郭永利 2005］。

23）直接出向いて吊いの気持ちを表すのが本來のかたちで、やむを得ず行けない場合に書簡を送るものであった。『禮記』「檀弓上」「有殯、聞兄弟之喪、雖緦必往。非兄弟、雖隣不往、所識、其兄弟不同居者皆吊」；『顏氏家訓』「風操篇」「江南遭重喪、若相知者、同在城邑、三日不吊則絕之。除喪、雖相遇則避之、怨其不己憫也。有故及道遙者、致書可也。無書亦如之」；司馬光『書儀』卷九「父母亡答人狀」「凡遭父母喪、知舊不以書來吊問、是無相恤閔之心。於禮不當先發書、若不得已須至先發」。

24）［郭永利 2005］では、「納贈」が義務であるのに對し、「助葬」は感情的要素が絡む、意味合いの異なる行為であったことも述べられる。

遼寧省朝陽市発見孫姓墓誌群に関する一考察

——唐代羈縻支配下の契丹の研究——

森部　豊

はじめに

遼寧省朝陽市は、隋唐時代には営州（遼西郡／柳城郡）が置かれた地である。ここからは隋唐時代の墓葬が多く発見されており、二〇一〇年までに二百五基の隋唐墓、二十一方の隋唐墓誌が確認されている［田立坤　二〇一二］。実際には、まだ公表されていない墓誌もあるので、その実数は、もう少し多い[1]。これらの墓誌は隋唐時代に営州で生活していた人々の様子を復元する上で正史等編纂史料の記述を補う格好な史料であり、特に唐代の営州の復元研究に利用されてきた[2]。

ところで、これらの墓誌には、漢人のみならず、営州やその付近に居住していた非漢人のものも含まれている

可能性が高い。筆者は、そのような問題関心に基づき、朝陽で発見された石刻史料のうち、十点の墓誌・碑銘を取り上げて分析し、それらが契丹人に関係する石刻史料であると判断して概括的な報告をおこなった［森部 二〇一五］。この論考において、筆者は孫則と孫忠という二人の墓誌に対して考察を加えたが、朝陽ではこの二人以外にも孫姓の墓誌が発見されている。一つは、一九五八年に発見された孫默墓誌であり、もう一つは二〇〇三年に孫則、孫忠墓誌とともに出土した孫道墓誌である。これら四点の墓誌は、同族のものである可能性が高く、その誌文内容とともに詳細に検討する必要がある。しかし、孫道墓誌と孫忠墓誌は、朝陽市博物館においては公開展示されているものの、報告書などは刊行されていない未発表史料であることから、二〇一五年の段階では全面的に紹介することはできず、将来において考察する必要があると述べるにとどめた［森部 二〇一六］。

ところが、その後、二〇一六年六月に盧治萍・柏芸萌［二〇一四］の存在を知った(3)。この論文は、孫則および未発表と思われた孫道・孫忠墓誌の三点を取り上げ、拓本写真と釈文を公開し、墓誌文の語釈を加えたものである。ただし、筆者がこの孫姓の人々を契丹人であると認識しているのに対し、盧・柏［二〇一四］は彼らを漢人としており、筆者の判断とは大きく食い違う。

そこで、本稿では、あらためて、一九五八年に発見された孫默墓誌と二〇〇三年に出土した孫道・孫則・孫忠の三点の墓誌を取り上げ、まずこれら四点の史料概況と問題の所在をまとめ、次いで四点の墓誌の全テキストを提示し、そしてこの孫姓一族の出自について検討を行う。最後に、比較的情報量の多い孫則と孫忠の両墓誌、および朝陽で発見された他の墓誌の情報を加え、羈縻州と軍府の問題について考察してみたい(4)。

一　孫姓墓誌をめぐる問題の所在

一九五八年春、朝陽県西大営子郷（当時の行政区名）で、農作業中に二つの古墓が発見された。一つは朝陽県城西南の八里屯、もう一つは県城南二キロ半ほど離れた中山営子屯の北の大凌河西岸の沖積平原上であった。これらは出土品から唐代の墓であるとされ、中国東北地区における初めての唐墓の発見として注目をあびた。このうち、八里屯の唐墓からは墓誌が出土した。これが孫黙墓誌である［金殿士　一九五九］(5)。

それから、半世紀になろうとする二〇〇三年五月、朝陽市の市街区にある珠光広場の南三〇〇メートルの地点にある繊維工場跡地で十七基の唐墓が発見され、五六〇件あまりの各種文物が出土した。またこれらの墓群のうち、五号墓・八号墓・九号墓から墓誌が見つかった。このニュースは同年十一月十二日の『光明日報』で「朝陽市発現大規模唐墓葬群」として報道され、見つかった三点の墓誌のうち、五号墓の孫忠と八号墓の孫則の簡単な内容が紹介された。九号墓の墓主の名は、この報道では明らかにならなかった。

この情報をいち早く利用したのは、宋卿［二〇〇八・二〇〇九］である。氏は、営州城近辺に置かれた羈縻州県の官職を分析する過程で、『光明日報』の記事を利用し、そこに紹介されていた孫則（北黎州昌黎県令）と孫忠（松漠都督府司馬）を取り上げた。ただし、氏は孫則・孫忠を漢人であると認識している(6)。

二〇一二年、『朝陽隋唐墓葬発現与研究』（遼寧省［二〇一二］）が出版され、この中ではじめて孫則墓誌の拓本と釈文が公表された［朝陽市　二〇一二］。しかし、この報告では孫則の出自などについては何も述べられていない。ただ、同書には、田立坤［二〇一二］が収められており、その中で田氏は、孫則が羈縻州の役人を歴任した

（4）

ことを取り上げ、孫則を「漢人」ではなく「蕃人＝契丹人」であると論じている。

その後、盧治萍［二〇一二］が発表され、朝陽市［二〇一二］では不十分であった孫則墓誌の誌文に対する詳細な解釈とその内容に検討が加えられた[7]。その後、盧治萍は柏芸萌と連名で、既発表の孫則の他、孫道と孫忠墓誌の拓本写真と釈文を公表し、墓誌文そのものに対しても若干の考察を加えた［盧治萍・柏芸萌二〇一四］。

宋卿［二〇〇八・二〇〇九］や盧治萍［二〇一二］、盧治萍・柏芸萌［二〇一四］が発表されたのと平行する形で、しかしその存在を知らず、筆者は朝陽付近出土の墓誌群に関する二本の論考を発表した。まず、筆者は遼寧省［二〇一二］の情報に基づいて二〇一四年十一月に朝陽市博物館を訪れ、朝陽市で発見された唐代墓誌の調査を行った。その成果として、孫則・孫忠墓誌を含めた十点の墓誌・碑銘に関する総合的な報告を発表した［森部二〇一五］。しかし、この時点では、特に盧・柏［二〇一四］の情報を入手しておらず、孫道と孫忠に関しては未発表史料として扱い、所蔵機関の朝陽市博物館との約束もあって、その一部を利用するにとどめていた。

森部［二〇一五］の発表後、宋卿［二〇一五］と王義康［二〇一五］が公刊された。両論文ともに朝陽市発見の孫氏一族墓誌を利用している。前者は営州管内に置かれた軍府やその他の軍事制度の研究の中で、孫則らが関わった軍府について言及し、後者は営州都督府下にあった羈縻州に派遣された漢人官員の事例として孫則・孫忠をとりあげている。しかし、宋卿はこの論文において、新たに朝陽市［二〇一二］を利用しているが、王義康は二〇〇三年に発表された『光明日報』の記事に拠っているのみである。つまり、両者ともに原石・拓本を見ていないばかりでなく、盧・柏［二〇一四］の成果にも触れていない。

その後、筆者は、中国で発見された契丹人墓誌と奚人墓誌を整理する過程で、再度、朝陽出土の孫姓墓誌にも言及したが、この時点でも盧・柏［二〇一四］の情報を得ておらず、孫道と孫忠墓誌は未発表史料との認識で全

面的利用は避けていた［森部 二〇一六］。しかし、盧・柏［二〇一四］が公刊された現在、朝陽で出土した孫姓の墓誌を全面的に利用することが可能になったのである。

朝陽出土の孫姓墓誌をめぐっては、これらを漢人とみなすか、契丹人と考えるのか、という問題が存在する。中国人研究者の孫姓墓誌に対する認識は、田立坤を除き、一律に漢人とみなしている。このどちらの見方をするのかによって、墓誌から得られる情報に対する解釈が大きく変わり、その結果、唐代営州における羈縻州に対する考察も変わってくるのである。

二　朝陽・孫姓墓誌群テキスト

本論を展開するに先立ち、孫道、孫則、孫忠および孫默の墓誌テキストを提示する。釈文するに際し、孫道および孫忠については、筆者が朝陽市博物館から提供を受けた拓本写真と筆者が同博物館で撮影した写真をもとにした他、盧・柏［二〇一四］に載録された墓誌拓本写真と釈文も参考にした。孫則については、筆者が朝陽市博物館で撮影した写真をもとに、朝陽市［二〇一二］掲載の拓本写真、盧治萍［二〇一二］の釈文を参考して作成した。孫默は王晶辰［二〇〇二］所収の拓本写真と釈文を参照した。[8] 孫默墓誌の発見は、他の三点に先立つが、この墓誌は今まで、全く注目されていない墓誌である。[9] また、後述する二〇〇三年発見の孫氏一族との関連も指摘されていない。

本来ならば、訓読・現代語訳・語釈も加えるべきであるが、本稿では紙幅の関係上、省略する。[10]

【凡例】

■……空格

□……判読不能

【史料A】孫道墓誌・釈文（稿）[11]（未計測）

〔墓誌蓋〕

孫君

墓誌

〔墓誌〕二七字×二七行

1 大唐故燕郡沙城縣主簿孫君墓誌銘■幷序
2 君諱道字君政營州昌黎人也粤以翊楚飛英靈虵挹惠和之□□□
3 當辰神璽騰嘉氣之徵炳彩虬播編卉衽而高蹈阽焦豹隱蹠台□而
4 沖虛或有文壇雕蟲述晋慕銅駞之業才宏零雨傾城絹送歸之篇若
5 不光疊□於高門銀書晋燭煥重輝於隆棟玉簡紛華□接武而鷹揚
6 才比肩而鳳跱鏡乎緗素可得言歟曾祖□周驃騎大將軍冀州刺史
7 銜珠出塞擯辞第以馳聲剖竹垂綏軑随翰而鼓譽祖道齊留愼二縣
8 令並以□德遷風中孚化俗境遊馴雉序降祥鸞者毓彩青田涵姿赤
9 野行摽士則調合人經聲藹黄龍威□玄菟坐惟隣照動必幾先復以

10 賓館開筵情深敬愛翹材闢□禮極招携屬随暦未昏授公燕郡沙城
11 縣主簿職□俊選不易其人群望充瞻翳公是頼化光製錦道潤鳴琴
12 而枝術多閑藝能斯瞻因心發妙寓物咸工逐水擅吟鑾之奇取睽窮
13 相□之妙豈謂鵬翻始運落雲翮於風衢驥逸□驤敗蘭□於日旬往
14 以大業十三年遘疾彌留卒於私第春秋卌有一爰以季月来通毓兆
15 □告痛夜□之無託愴瑩寵之未遑泣血濡襟摧心風樹遂□大唐龍
16 朔元年歳次辛酉十一月壬辰朔十一日壬寅葬於營州城南五里其
17 地也南□浪□浦涵泉爲□鏡北臨雉堞臺切漢而□□東距龍岑幕
18 丹□而絢綺西連龍岫□翠黛而浮煙所謂相□青□□□玄室嗣子
19 孝員等□靈轅而撫臆□旗旐而崩心懼陵谷之遷訛□□□而紀德
20 其銘曰
21 翊□垂□□呉當扆主輪疏派金柯□韡弈葉汪汪重規亹亹□布文
22 掞傾城□斐其一　誕生夫子誠曰人英識度開爽韻寓□明
23 留心賞□□迹□□擊水將漸□□上京其二
24 □綬鶚□宣風燕郡人□推挹姦虞陶訓名教載揚□防理紊清均曩
25 □愼韜前□其三
26 運澾藏□□□□石靈轜□挽魂□靈奕胤泣霜晨妻悲淚□等傳□
27 □名淪□□其四

図１　孫道墓誌拓本（朝陽市博物館）

【史料B】孫則墓誌・釈文（縦六八センチメートル、横六二センチメートル、厚さ十二・五センチメートル）

〔墓誌蓋〕

唐故明威將
軍左(12)驍衛懐
遠府折衝都
尉上柱國沔
陽縣開國公
孫君墓誌銘

〔墓誌・表面〕二〇字×二一行

1 君諱則字孝振營州柳城人也自赤雀呈祥表周王
2 之受命緑竹爲美彰衛君之懿徳其後或令窈窕以
3 擒勍敵或顧權奇以長光價何止隠居弘道琴拊一
4 弦傾城追送詩賦千里弈(13)葉英賢金聲無絶祖彦道
5 齊留愼苞信三縣令工乎製錦藝彼烹(14)鮮猶夫潘滯
6 両邑寵非百里高才之屈代有其流父會本州州都
7 江王府參軍日新月旦州里籍其銓衡梁苑陳園簪
8 裾挹其儀範君遷喬鳳穴秀發龍門曜五色以相宣
9 擢千尋以掩暎武徳四季起家遼州惣管府典籤性

10 行廉平在公幹擧俄轉參軍貞觀五季改授北黎州
11 昌黎縣令四年奉■勅使招慰延陁拔曳等諸國君
12 諭以威恩之義示[15]以禍福之規莫不順風而靡随流
13 而化至六季將諸蕃長幷其地圖入京奉見蒙■■
14 恩詔曰昌黎縣令遠使絶域克展勤勞宜典禁旅用
15 申榮擢可游擊將軍右驍衞懷遠府左別將賞物五
16 百段本邦衣錦榮曜晝遊道路生輝遐邇欽尚至十
17 九季扈從東行爲左二軍惣管于時躬先士伍親決
18 六奇攻無所守戰無所拒■■詔授上柱國沔陽縣
19 開國子賞物四百段口一十五人進爵爲公食邑五
20 百戸復以藩情憂[16]樂令押契丹尋授松漠都督府長
21 史永徽五季有■■詔以君毅烈居心幹能表用早

〔誌蓋・裏面〕一八字×一七行

22 司禁旅亟陪戎律加授明威將軍本府折衝都
23 尉餘官如舊方期棟梁[17]廣厦舟楫大川豈圖未
24 陪東嶽之儀遽落西沈之景以永徽六季五月
25 一日薨于家第春秋六十有七即以其季十月
26 七日永窆于柳城西南五里之平原嗣子上柱

27 國玄嶷第二子玄巌第三子玄策[18]第四子玄成

28 昆季等愛敬純孝毀瘠過人痛風樹以崩摧哀

29 陟岵而號絶恐深溪陵極高岸波瀾徳音不紀

30 後哀[19]何觀銘曰

31 周文本系衞康餘緒上將興呉名卿覇楚盛徳

32 無墜慶鍾有所載育英靈搏風遐擧依仁由禮

33 騰實揚聲既參軍事還哥武城殊功上簡好爵

34 增榮華夷是寄中外兼幷千月易窮一生俄謝

35 百身徒贖寸陰寧借痛結朝市悲損館舍已矣

36 遠行云如長夜丹旐[20]戒路玄堂斯卜鬱鬱新墳

37 蒼蒼古木暑来寒往深陵高谷茂勳徽猷方傳

38 蘭菊

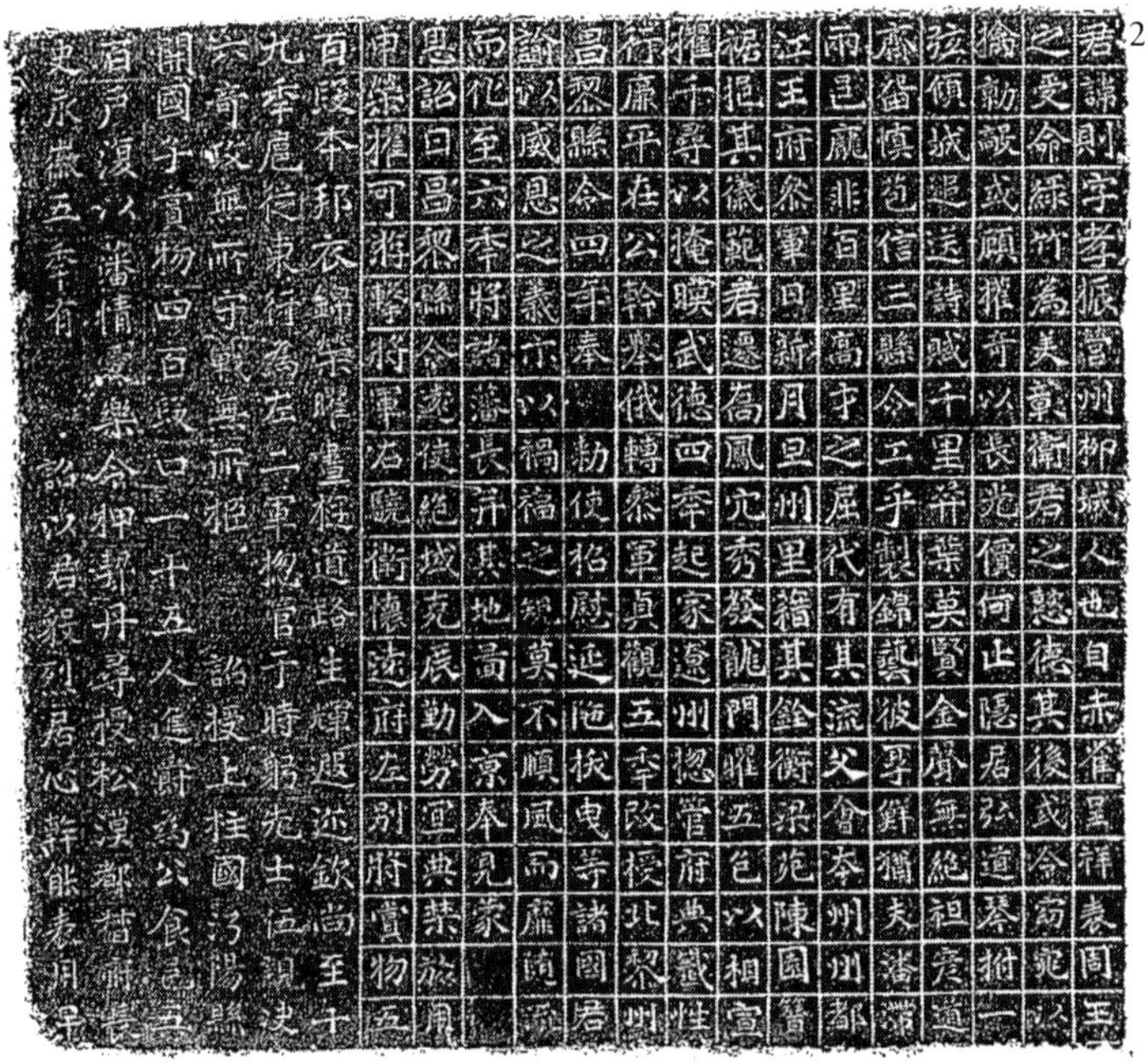

図 2-1　孫則墓誌拓本（誌石）（『朝陽隋唐墓葬発現与研究』、北京、科学出版社、2012）

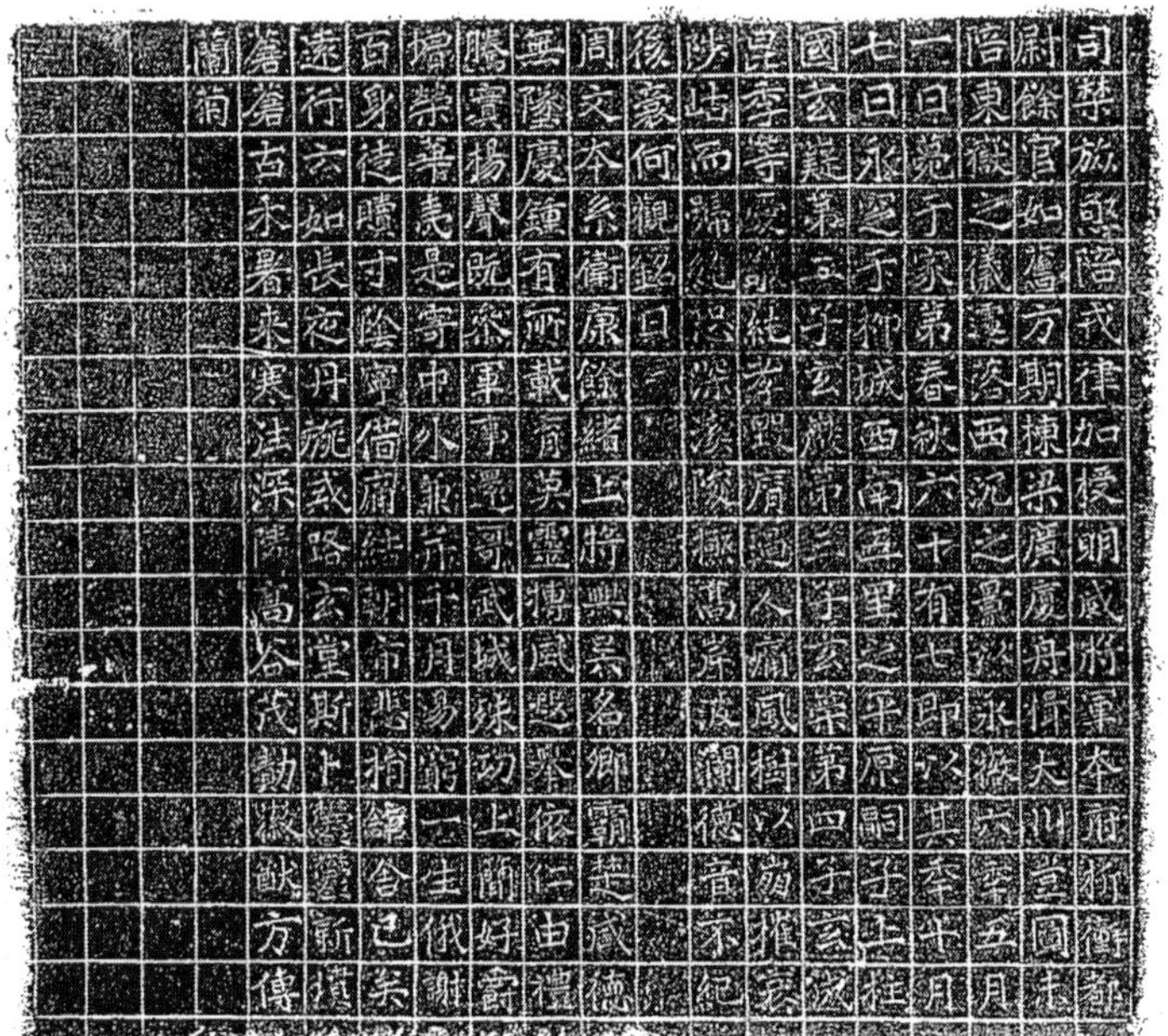

図 2-2　孫則墓誌拓本（誌蓋裏）（『朝陽隋唐墓葬発現与研究』、北京、科学出版社、2012）

【史料C】孫忠墓誌・釈文（稿）(21)（未計測）

〔墓誌蓋〕

孫君
墓誌

〔墓誌〕二九字×二八行

1 大唐故松漠都督府司馬孫君墓誌銘■幷序
2 君諱忠字孝緒営州昌黎人也喬枝擢秀儷桂薄而敷榮遠□浮瀾疏□風
3 而浚沚是以拖金章於漢室□□光其彝諧鎣玉璽於呉江將軍蔚其謀略
4 或有兵鈐蓄思載欽臏武之規筆海□漪遂開盛楚之□高門有門和□實
5 於□庭衡泌凝神籍卉蓐於盧奥淑問標於絶代貽裕□於茲民曽祖道齊
6 任留愼二縣令又任苞信縣令莫不綰星一所飛英百里戴星謝德□琴比
7 肩祖政隋任燕郡沙城縣主簿忠亮居體孝友甄心比漸佩□恩□□井若（君）
8 孕質王田誕生珠□天機早發靈府幼問風翮將□架鵠雲而□遠蘭□思（恩）
9 騁接焉景而倶奔異域標功挫長羅於散地荒庭紀□□定□於□□□蓋
10 馬未清■■皇家籌王帳之策黏蟬尚梗將軍鶩銜珠之成君以□□五營
11 名參八校□龍劍□沮渚撝麟旗於繸穴気祲載寧俘虜就□□授君上柱
12 國輕車都尉右驍衞懷遠府校尉以君幹濟可稱清能□錄命君授懷遠府
13 司馬□猛互擧威恩逢施譽藹戎昭聲聞帝門又授君松漠都督府司馬時

（14）

14 島夷不靜遼碣榛蕪君與營州都督程名振共領驍雄同將猛投□□遠□
15 直指虜廷珥□長驅横奔寇室遂使稱梁莫莫三韓罷翦□之心□□油油
16 五奴無遺□之望爪牙之奇相委高明腹心之託憑諸顯充文□□冊慰以
17 □勝之功□門流恩賞以光鳴之効豈謂疊階正服□結□□□去□於晨
18 風□□□於□窆以顯慶六年正月十八日奄捐館舍春秋五十有九夫人
19 韓氏姿靈陰德薦□坤儀載弄之初已馳芳於學□剪羈之歳標令淑於照
20 梁言今組紃門□酌其儀範宛如琴瑟君子挹其容□而□□□□□佳城
21 之先陟桂華辭□□代宗之早遊以大唐龍朔元年歳次辛酉十二月壬辰
22 朔十一日壬寅合葬於營州城南五里□□□鳴行參□□之悲□□朝趍
23 詎輟吟風之□胤子右翊衛弘端等表棘心而□□瞻□岫而銜啼□陵谷
24 而遷訛□琬□而敷德其詞曰■■□□□□□允高門□楚□□□□作
25 尊工兵屬武□史標□馥□蘭桂潤等□□其一於鏢君子□□海運蘭錡族
26 能戎□思□□□萬死□□八陳電掃□□□□□□其二□□□□□□□
27 □翊□作□結□分□訓□□輟情□□下□□□□□□□□其三□□□
28 □□儼□魂旒□□□□□□□□□□□□□□□悲□□□□□□大
29 墓□□其四

図３　孫忠墓誌拓本（朝陽市博物館）

【史料D】孫默墓誌・釈文（縦七三センチメートル、横七四センチメートル、厚さ三二センチメートル[22]）

〔墓誌蓋〕

大唐故人孫君墓誌銘[23]

〔墓誌〕

1 大唐故處士昌黎孫默墓誌銘
2 公諱默字孝綱昌黎柳城人也尓其洪源括地導江漢以澄瀾
3 峻嵩千而跨關山而錯峙爰興覇業舞長劍而掃攙搶肇逮鴻
4 勳操短兵而靜梟鏡靡不英賢間起興公擁絶代之詞豪彦挺
5 生子荊動傾城之作其後分珪胙土開國承家冠蓋繽紛不可
6 勝計■曽祖璥齊上谷太守青田孕彩丹穴凝姿頌美漁陽功
7 高渤海自可槐庭論道棘署調風豈止虎道珠還區區州縣而
8 已■祖闡周右北平長史弼諧千里則亭障無虞光賛六蓧則
9 實寮有序村横杞梓潨潘陸之芳文德耀琳琅掩王劉之麗藻
10 父政隋濱海郡沙城縣令德星昭慶映大丘而爛彩馴翟依仁
11 降中牟而演化襟神外朗貞慎内融朝歌無以冠其功單父安
12 能嗣其美■公温柔植性夷亮居懷誂柱一枝孤摽令問嵆松
13 萬仞獨擅微猷淡泊凝懷幽閑狎契未極南山之壽遽從東岳
14 之遊以垂拱三年十二月廿五日卒於私第春秋八十有一銅

15 壺既啓終無停漏之期丹灶徒施詎有□齢之驗以載初二年
16 四月廿六日歸葬於龍城西南六里之平原禮也左疏靈洺澄
17 万頃之清瀾右控祠臺通九天之佳氣南呑少海秋濤警雷電
18 之[威]北闢[崇]山遲景爛珣玗之色所謂祥瑞白鶴鏡千古而騰
19 芳慶洽青鳥窮万祀而踰茂其詞曰
20 炎靈告謝三方鼎跱禹縣龍飛闢山鵲起苞藏西蜀籠牢南紀
21 其一顯考貽慶夙擅羽儀績宣千里功高貳師言忘李徑道藹黃
22 陂其二綷羽青田搏風丹冗德耀隋珠襟澄許日風神外朗冰壺
23 内徹其三逸足塗窮沖霄羽落漏促生涯舟遷夜壑靡覿玉皃空
24 臨丁弦

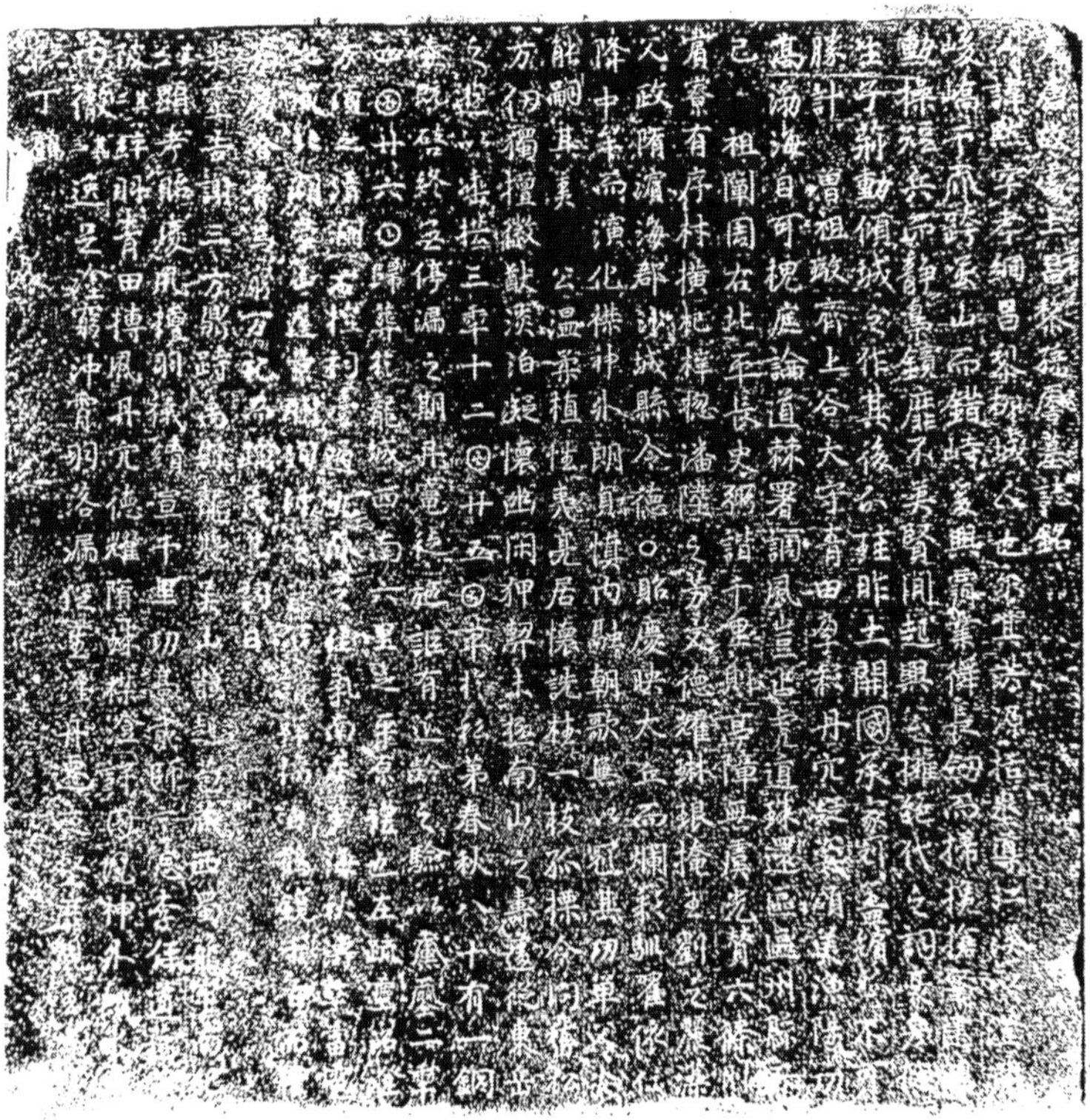

図４　孫黙墓誌拓本
（『隋唐五代墓誌滙編』（北京巻附遼寧巻）第３冊、天津古籍出版社、1991）

三　孫姓一族の系譜

まず、朝陽で発見された孫姓の墓誌群の記述から、この孫氏全体の系譜を整合的に復元できるのか、試みてみたい。墓誌に見える系譜を、仮に墓主を同一世代としてまとめると「**表1　墓誌の記載による系譜**」になる。

表1　墓誌の記載による系譜（1「孫道墓誌」、2「孫則墓誌」、3「孫忠墓誌」、4「孫默墓誌」）

	曾祖父	祖父	父	墓主	子
1	孫某 北周の驃騎大将軍・冀州刺史	孫道 北斉の留・慎二県令	—	孫道、隋の燕郡沙城県主簿 承光元（五七七）～大業十三（六一七）	孫孝員
2	—	孫彦道 北斉の留・慎・苞信三県令	孫會 本州州都江王府参軍	孫則（字は孝振） 開皇九（五八九）～永徽六（六五五）	孫玄嶷、玄巌、玄策、玄成
3	孫道 北斉の留・慎二県令	孫政、隋の燕郡沙城県主簿	—	孫忠（字は孝緒） 仁寿二（六〇二）～顕慶六（六六〇）	孫弘端
4	孫璥 北斉の上谷太守	孫闡 北周の右北平長史	孫政 隋の濱海郡沙城県令	孫默（字は孝綱） 大業三（六〇七）～垂拱三（六八七）	

筆者は、孫則と孫忠の二墓誌をもとに、これを同族とみなし、系譜を復元した［森部 二〇一五］。孫則の祖父の「孫彦道」（北斉の留・慎・苞信県令）と孫忠の曽祖父の「孫道」（北斉の留・慎二県令。又、苞信県令となる）を同一人物と比定すれば、この二つの墓誌の系譜は、整合的に復元できる（**図5参照**）。この場合、孫則と孫忠は一世代ずれる。

ところが、これに「孫道墓誌」を加えて考察すると、大きなズレが生じる。「孫道墓誌」の墓主である「孫道（字は君政）」の官職は「隋の燕郡沙城県主簿」とあるので、これは「孫忠墓誌」に見える「孫政」と同一人物とみなせる。そして、「孫忠墓誌」では「孫政」は孫忠の祖父と記される。これに基づき、世代の一致を試みると、**「表2　墓誌の記載による世代同期系譜」**としてまとめることができる。孫黙に関しては、仮に孫則と同世代に置いておく。

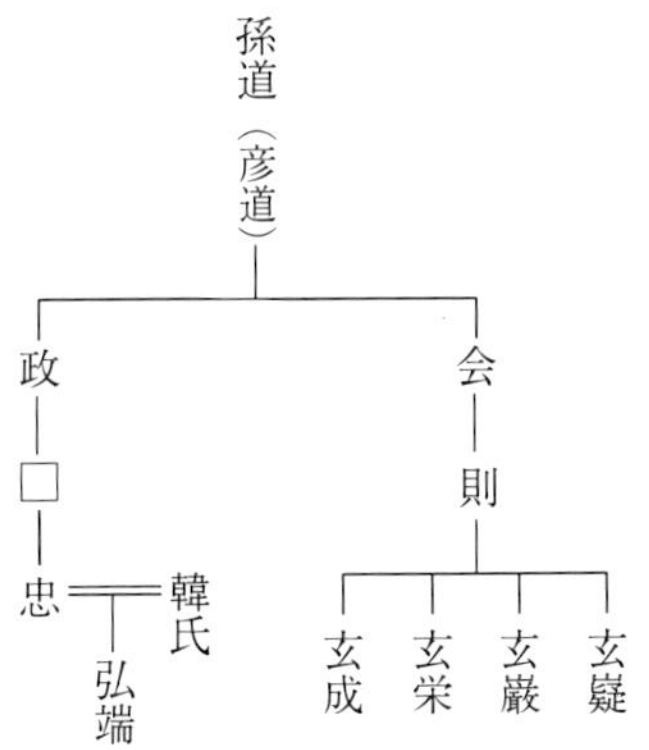

図5　孫氏系図復元

表2　墓誌の記載による世代同期系譜（1「孫道墓誌」、2「孫則墓誌」、3「孫忠墓誌」、4「孫黙墓誌」）

	高祖父世代	曾祖父世代	祖父世代	父世代	同世代	次世代
1	孫某 北周の驃騎大将軍・冀州刺史	孫道 北斉の留・慎二県令	―	孫道、字は君政 隋・燕郡沙城県主簿 承光元(五七七)～大業十三(六一七)	孫孝員	
2	―		孫彦道 北斉の留・慎・苞信三県令	孫會 本州州都江王府参軍	孫則(字は孝振) 開皇九(五八九)～永徽六(六五五)	孫玄嶷、玄巌、玄策、玄成
3			孫道 北斉の留・慎二県令	孫政、隋の燕郡沙城県主簿	―	孫忠（字は孝緒） 仁寿二(六〇二)～顕慶六(六六〇)
4	孫瞰 北斉・上谷太守		孫闡 北周の右北平長史	孫政 隋の濱海郡沙城県令	孫黙(字は孝綱。処士) 大業三(六〇七)～垂拱三(六八七)	

「孫道墓誌」で、墓主・孫道の祖父として登場する同名の「孫道」は「北斉の留・慎二県令」であるから、これは「孫則墓誌」の孫彦道、「孫忠墓誌」の孫道と同一人物であるはず。しかし、表2を見て分かるように、「孫道墓誌」に見える北斉の留・慎二県令であった孫道と、孫則の祖父および孫忠の曽祖父の孫道とは世代がずれてしまう。仮に、この北斉の留・慎・苞信三県令の孫道を同一世代とすると、今度は隋の燕郡沙城県主簿の孫政の世代が一致しなくなるのである。

盧治萍らは、孫則・孫忠に孫道墓誌の情報を加え、この三つの墓誌に見える系譜を接続して復元しようとしたが、この矛盾を次のように解釈している。

この三つの墓誌で共通するキーワードは「斉留・慎県令」である。孫則墓誌にみえる祖父の孫〔彦〕道、孫道墓誌にみえる祖父の孫道、孫忠墓誌にみえる曾祖父の孫道は、その官職名に若干の違いがあるものの、同一人物にちがいない。とすると、孫則と〔隋の燕郡沙城県主簿である〕孫道は同世代であり、孫忠は〔隋の燕郡沙城県主簿の〕孫道の息子〔の世代〕ということになる。しかし、そうだとすると、孫忠墓誌で「祖父の政は、隋の燕郡沙城県主簿」とあるのと矛盾する。孫道は大業十三（六一七）年に亡くなり、享年は四十一歳なので、五七六年（五七七年の誤り）生まれ。孫忠は顕慶六（六六一）年に亡くなり、享年五十九歳なので、孫忠の生まれた年は六〇三年（六〇四年の誤り）である。二人の年齢差は二十六歳であり、親子の可能性が非常に大きい。かつ、孫道墓誌で嗣子の孝員の名が出てくるが、孫忠の字は孝緒であり、まさに「孝」の字で同輩行である。このほか、孫道と孫忠はともに龍朔元年十一月十一日に営州の南五里に埋葬されているので、この孫道と孫忠の両墓誌は同じ人間による撰述・書写の可能性が高い。そして、両墓誌ともに

「父」の事績には触れていないことから、ともに祖父と父の事績を誤って曾祖父と祖父の事績としたのではないだろうか。このように考え、私は孫道・孫忠は親子であり、孫則と孫忠は従兄弟である可能性が高いと考える。〔盧・柏 二〇一四、九三頁〕（〔 〕内は筆者補訳

筆者は、この盧治萍らの考察にほぼ賛成である。ただ、孫道墓誌と孫忠墓誌の読み方に私案がある。

盧治萍らが指摘するように、「孫道墓誌」の墓主の孫道は、隋の大業十三（六一七）年に亡くなったが、埋葬されたのは孫忠の埋葬年月日と同じ龍朔元（六六一）年十一月十一日である。すなわち、孫忠墓を造営する際、その祖である孫道の墓を何らかの理由で造営し、あわせて埋葬する必要があったのだろう。とすれば、「孫道墓誌」の作成は、「孫忠墓誌」とほぼ同時期に作成されたものということになる。墓誌作成の主たる担い手は、孫道の嗣子とされる孫孝員、あるいは孫忠の子の孫弘端だろう。盧治萍らは、撰文者が、祖父と父の事績を曾祖父と祖父のそれと誤ったと解釈したが、次のような見方もできるのではないだろうか。すなわち、「孫道墓誌」に現れる「曾祖父」「祖父」は、墓誌の作成世代者からの呼称ではないのか、というものである。そして、「孫道墓誌」の墓主である「孫道」は、本来は「字」の「君政」の名で呼ぶのが妥当なのではないか。こう考えると、「孫道墓誌」の系譜は、

孫□（北周）―孫道（北斉）―孫君政（隋）―孫孝員（唐＝墓誌作成世代）

と復元できる。

次に、同時に作成された「孫忠墓誌」も、このような祖先に対する呼称を誤って使った可能性があるのではないか。なぜなら、孫忠の字が孝緒であり、これは孫則の字の孝振、孫道の嗣子の孫孝員、そして孫黙の字の孝綱

と「孝」字が共通しているから、彼らは同世代と考えることができる。この四人を同世代の人物と考えると、孫忠の系譜にズレが生じる。ところが、孫忠墓誌に見える「曾祖父は北斉の留・慎・苞信三県令の孫道」と「祖父は隋の燕郡沙城県主簿の孫政」を孫忠の子、すなわち墓誌の作成者世代からの呼称とすれば、孫忠墓誌に見える系譜は以下のようになる。

孫道（北斉）―孫政（隋）―孫忠（初唐）―孫弘端（中唐）

これらを組み合わせて新たに作成すると「**表3　孫氏系譜修正案**」となり、孫默を除いた三墓誌は盧治萍らの復元した系図とも一致するのである。

表3　孫氏系譜修正案（1「孫道墓誌」、2「孫則墓誌」、3「孫忠墓誌」、4「孫默墓誌」）

	曾祖父世代	祖父世代	父世代	同世代	次世代
1	孫某 北周の驃騎大将軍・冀州刺史	孫道 北斉の留・慎二県令	孫道、字は君政 隋・燕郡沙城県主簿 承光元（五七七）～大業十三（六一七）	孫孝員	
2		孫道 北斉の留・慎二県令	孫政 隋・燕郡沙城県主簿	孫忠（字は孝緒） 仁寿二（六〇二）～顕慶六（六六〇）	孫弘端
3	―	孫彦道 北斉の留・慎・苞信三県令	孫會 本州州都江王府参軍	孫則（字は孝振） 開皇九（五八九）～永徽六（六五五）	孫玄嶷、玄嚴、玄策、玄成
4	孫璥 北斉・上谷太守	孫闡 北周の右北平長史	孫政 隋の濱海郡沙城県令	孫默（字は孝綱） 大業三（六〇七）～垂拱三（六八七）	

では「孫黙墓誌」の情報を加えると、どうなるのであろうか。筆者は、孫黙も上記三人と同族であるという考えである。その根拠は、㈠孫黙の字は「孝綱」であり、これは孫則の字「孝振」と孫忠の字「孝緒」および孫孝員と、「孝」字が共通すること、㈡父の「孫政」が隋の「濱海郡沙城県令」[24]であって「燕郡沙城県主簿」の官名と一致はしないものの類似していること、さらに㈢孫黙墓と孫道・孫則・孫忠の墓域が近いこと（墓誌文と『中国文物地図集』からの判断）という三点である。

しかし、表3で見る孫道・孫則・孫忠墓誌とは、きちんとはつながらない。孫黙の父の「孫政」の名は孫忠の父、孫孝員の父（孫君政）と重なると言えるが、官職名は似ているようで異なっている。そもそも、孫黙の父の就いた「濱海郡沙城県令」であるが、濱海郡は存在しない。また、「沙城県令」も他が「沙城県主簿」というのと一致しない。さらに、孫黙の祖父は「北周の右北平長史の孫闡」とあり、その他の孫氏の祖父名「北斉の留・慎・苞信県令の孫道」と名前も官職も一致しない（図6参照）。

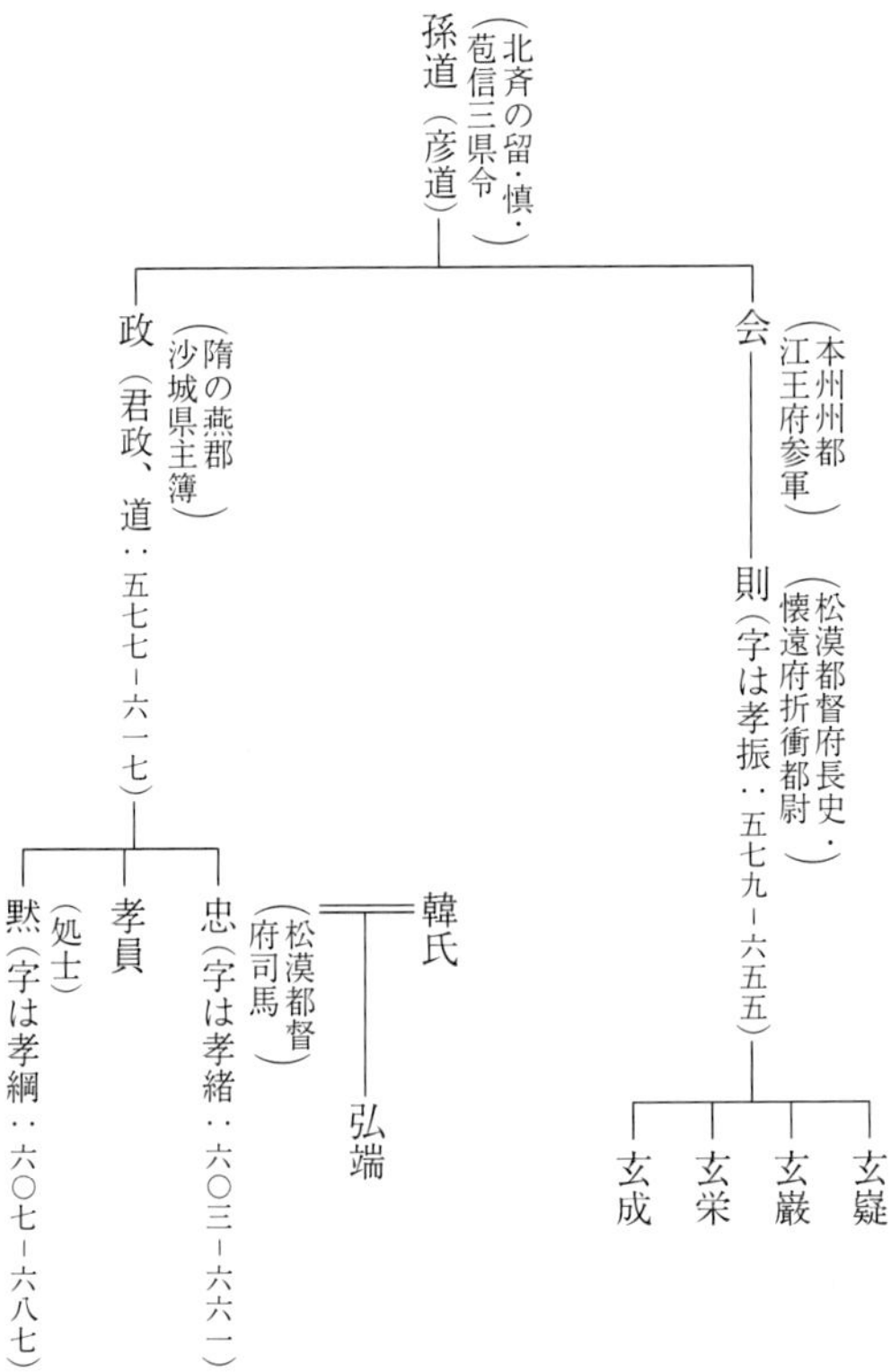

図6　孫氏系図・案（修正版）

孫黙墓誌の制作は埋葬年の載初二

(六九一)年頃と考えることができ、また孫則墓誌が永徽六(六五五)年頃、孫忠墓誌(孫道墓誌も)が龍朔元(六六一)年頃の制作と考えることができるので、その差は三十年以上ということになる。孫則と孫忠、そして孫默が同世代であることは間違いなく、この三人は確実に初唐の営州に存在していたが、その祖先たちの記録は、この孫氏一族に漠然と伝わっていたものにすぎないのではないか。あるいは、この三人、特に孫則の墓誌をまず制作し、ついで孫忠の墓誌が制作されたわけだが、この時に彼らの先祖の系譜もつくられ、適当な官職が振り当てられたのではないか。あるいは、昌黎の孫氏という漢人は存在するので、[26]実際にあった系譜を借り受けたのかもしれない。しかし、彼らにとって、その系譜は墓誌作成の際に利用できればよかったため、三十年後の孫默墓誌作成の時には、あいまいな記憶(あるいは記録)しか残らず、孫則・孫忠・孫道墓誌との整合的記述ができなかったのではないだろうか。

それゆえ、筆者は、彼らが漢人ではなく、契丹人であり、墓誌を作成する際、漢人文化を急いで模倣したにすぎず、その結果、このような整合性のない墓誌の記述になったのではないかと考えるのである。では、この孫氏の出自について、節を改めて考察してみよう。

四　孫氏の出自

この問題に関して、初めて言及したのは、宋卿であり、根拠は不明ながら、孫氏を漢人としてとらえている(注6参照)。

ついで、孫則について、その出自を論じたのは田立坤［二〇一二］である。氏は、孫則が役職に就いた遼州物管府に着目した。この遼州は、唐へ帰属してきた契丹の内稽部を置いた羈縻州であり、その長官（行遼州総管）に契丹の首領の孫敖曹が就任している。そこで氏は、孫則を孫敖曹の集団に属する者とし、契丹人であると判断した[27]。

これに対し、盧治萍［二〇一二］は、「孫則墓誌」の冒頭の「自赤雀呈祥、表周王之受命、緑竹爲美、彰衞君之懿德」と銘文中の「周文本系、衞康餘緒。上將興呉、名卿覇楚」の記述から、孫則一族が、周の文王の系統につらなる孫氏一族であるとする[28]。また、孫則の祖父の孫道（彦道）の官職である北斉の留・慎・苞信県に着目し、この三県の地理的位置を比定した。その結果、この三県は現在の河南省南部、安徽省東北部、江蘇省北部にあたり、それらの地域が漢族の居住区であるということを根拠に、孫則の家族は、衞康叔の末裔の孫氏に連なる漢人である可能性が大きいと判断している。

王義康［二〇一五］も孫則を漢人であるとするが、その根拠は不明である。

宋卿や王義康の解釈がどこから来ているのかよく分からないが、おそらく孫姓が漢人姓であること、また昌黎を本貫とする孫氏がいたことなどから、漠然と漢人であると思いこんでいるのではないのだろうか。墓誌文の記述を根拠に孫則を漢人とみなす盧治萍［二〇一二］の見解も再考すべき余地がある。唐朝に帰属した多くの非漢人が、その死後、墓誌銘を作成する際、自ら素直にその出自を記述することもあるが、漢人の一族にその系譜を仮託することも多くみられる現象だからである[29]。

筆者の立場は、田立坤と同じである。孫則は契丹内稽部を置いた羈縻州である遼州惣管府の典籤、後に参軍になっている。唐代の羈縻州は、基本的には唐朝へ帰属してきた諸部族をそのまま安置し、その首領に都督もしく

は刺史の官を与え、その職は世襲とするものである。とすれば、大首領以下、中小の首領クラスの者たちが、もとの部族集団内のランクに応じて、羈縻州内の属官の地位が与えられたと考えることができよう。それゆえ、素直に考えれば孫則を契丹人とみなして何らおかしくない(30)。

第二の根拠は、契丹羈縻州長官と同姓であることである。『旧唐書』巻一九九下「契丹伝」によれば、武徳四（六二一）年に、孫敖曹が遼州総管になったとある。孫敖曹は、大賀氏系の集団とは別の契丹集団の首領であり、遼州が武徳二（六一九）年内稽部を置いた羈縻州であることを考えると、内稽部の首領であったと考えるのが妥当である(31)。その孫敖曹が長官である羈縻州の官職に就いた同姓の孫則は、孫敖曹の同族、少なくとも内稽部の者であると考える方が、漢人と考えるよりも適当ではないだろうか。

しかし、唐代の羈縻州をめぐる議論が深化し、そのシステムとしてのあり方が徐々に復元されてきた。その近年の中国における羈縻州および羈縻政策に関する研究の見解が、あるいは宋卿、王義康、盧治萍の孫則は漢人であるという認識につながっているのかもしれない。それは、羈縻州における「華官参治」の事例である。これは、羈縻府州県の長官・属官に唐朝が官人（漢人）を送り込んで、羈縻支配に参画させていたのだというものである。宋卿［二〇〇九］は中国東北地域に置かれた唐代の羈縻州十州県をとりあげ、その長官職や属官に就いた十六人について考察をしたが、この中で孫則を漢人と判断している(32)。また王義康［二〇一五］は、新出の墓誌史料を博捜し、唐全域の羈縻州県の長官・属官となった人物の事例を集めてこの問題に取り組んでいるが、その中でやはり孫則を唐朝廷から派遣された漢人としてみなしている。そして、宋卿や王義康の主張は、孫則の官歴とも関係がある。節をあらため、孫則の官歴をたどり、孫則が漢人なのか契丹人なのかをさらに考察してみよう。

五　孫則の官歴をめぐる疑問

孫則は遼州物管府典籤から遼州物管府参軍を経て、[33]貞観五（六三一）年に北黎州昌黎県令を授けられた。さらに松漠都督府長史を授けられているが、その時期はおそらく松漠都督府が設置された貞観二十二（六四八）年もしくはその直後であろう。

北黎州は、奚族を置いた羈縻州の一つで、もとは崇州という。『旧唐書』巻三九、『新唐書』巻四三下の各「地理志」によれば、武徳五（六二二）年、奚の可汗部落を置いた饒楽（郡）都督府を崇州と鮮州に分け、そのうち、崇州が貞観二（六二八）年もしくは貞観三（六二九）年に北黎州と改名され、貞観八（六三四）年までその名が使われた。その治所は営州城の東北にあった廃陽師鎮に置かれ、北黎州のもとに昌黎県が置かれた。[34]

松漠都督府は、契丹の大首領の窟哥が貞観二十二（六四八）年に唐へ帰順してきた時に、その集団をおいた羈縻府であり、その下には峭落州（達稽部）、無逢州（獨活部）、羽陵州（芬問部）、白連州（突便部）、徒河州（芮奚部）、萬丹州（墜斤部）、疋黎州（伏部）、赤山州（伏部）、弾汗州（紇便部）の九州、あるいは帰誠州を加えて十州が置かれていた。[35]

とすると、契丹の内稽部に属する孫則は、奚を置いた北黎州にあった昌黎県（これも当然、奚を置いた羈縻県）の長官を経て、契丹の中核的大集団を置いた松漠都督府の長史の任に就いていることとなる。

孫則を漢人であると考えれば、彼が契丹を置いた羈縻州である遼州の典籤および参軍、奚を置いた羈縻州である北黎州の昌黎県令、そして契丹の窟哥の集団を置いた松漠都督府の長史になったことは、中国人研究者のいう

「華官参治」で説明がつく。王義康は、複数の羈縻州の官職を遍歴する孫則に、唐中央から派遣された官人（漢人）の姿をみているのだろう。しかし、営州都督府下に置かれた羈縻州の刺史が、自分の属する部族集団を越えて他の部族集団の刺史になっている事例も、いくつか確認できる。

例えば、すでに取り上げている孫敖曹であるが、彼自身は武徳四（六二一）年に唐から遼州総管を授けられた。遼州は、これも繰り返しになるが、武徳二（六一九）年に帰属した契丹の内稽部を置いた羈縻州である。しかし、孫敖曹の曽孫である孫万栄は、遼州総管あるいはその後、改名した威州刺史ではなく、帰誠州刺史となって、松漠都督の李尽忠とともに唐に対し反旗を翻すことになる（『旧唐書』巻一九九下、契丹伝）。ただし、この帰誠州がいつ置かれた州なのか、史料では確認できない。

もう一つは、青山州刺史李永定の系譜である。「李永定墓誌」によれば、彼の曽祖父の延は、本蕃大都督兼赤山州刺史であり、祖父の大哥は玄州刺史であった。父の仙礼は刺史職に就いていなかったが、伯父が青山州刺史であり、李永定はこの伯父の職を世襲した[36]。赤山州は、先に見たように、松漠都督府下の羈縻州の一つであって、伏部を置いたとされる。玄州は契丹の曲拠部を置いた羈縻州で、青山州はその玄州を分置した羈縻州である。李永定の出自は、祖父、伯父の職歴から曲拠部の首領一族であることは間違いないだろう。とすれば、その曾祖父（延）を、契丹の別系統の大首領・窟哥に属していた伏部の首領に仮託していることになる。このことから、墓誌の記述は仮託ではあるものの、唐へ帰属した契丹人にとって、異なる部族間で互いに羈縻府州県官になっていたことがあったという事実の反映、と考えることはできないだろうか。

さらに注意すべきなのは、孫則が懐遠府の折衝都尉になっていることである。懐遠府という軍府名は、正史には見えず、「孫則墓誌」と「孫忠墓誌」とに登場する。両墓誌の記載から、この軍府が営州管内にあったことは間

違いないが、具体的な存在場所は不明である。中国人研究者は一律に、靺鞨を置いた燕州総管府が領した県に懐遠県があること、隋の薛世雄が行燕郡太守鎮懐遠になったことを根拠とし、懐遠府は柳城（営州城）付近にあったと考え、正州たる営州に置かれた折衝府とみなし、その設置目的は、靺鞨と密接な関係があるとしたが［盧・柏 二〇一四］［宋卿 二〇一五］、この見方には疑問が残る(37)。

孫則は、墓誌によれば貞観六（六三二）年ころに懐遠府左別将となり、永徽五（六五四）年に折衝都尉となっている。そして、墓誌文を読む限りでは、「永徽五年に詔して……明威将軍・本府折衝都を加え授けた。他の官職はもとのままである」とあるので、孫則の懐遠府折衝都尉就任は、松漠都督府長史との兼任であった。盧・柏［二〇一四］は、漢人である孫則が松漠都督府長史と懐遠府折衝都尉を兼任したのは、営州地区で見られた独特な軍事と政治の管理方式であると説明するが、筆者は、契丹人の孫則が羈縻府の役人と軍府の長官を兼任したのであり、この懐遠府は契丹の羈縻州に置かれたと考えている。

この見方は、単なる想像ではなく、契丹人である李永定の事例と符合する。李永定は、玄州に置かれた昌利府折衝都尉の仙礼の子である。武則天の垂拱三（六八七）年に営州付近にあった契丹・曲拠部を置いた玄州(38)で誕生した(39)。玄州は、万歳通天元（六九六）年に李尽忠・孫万栄が営州を陥落させた際に河南へ移され、神龍年間（七〇五－七〇七）に幽州管内へ移されている。李永定は、開元五（七一七）年に玄州昌利府折衝都尉を世襲し、その後、河北北部各地の軍府の折衝都尉を歴任し、その後、范陽軍の軍人となる。開元二十一（七三三）年、軍功により伯父の地位を世襲し、玄州から分置した青山州刺史となる。その後は、青山州刺史と范陽節度使麾下の軍職を兼任した。この事例から、契丹の羈縻州である玄州に軍府が置かれ、その長官である折衝都尉は契丹人が世襲していたこと、また折衝都尉には当該羈縻州の首領の一族が充てられていたことが明らかになる［森部 二〇一

〇、八〇－八六頁］。

これを踏まえると、孫則も契丹人であると解釈したほうがより整合的に説明がつく。懐遠府が契丹の羈縻州（筆者は遼州＝威州と想像している）に置かれた軍府とすると、その長官に契丹内稽部の首領一族の孫則が就いている、と説明できるのである。

では、契丹の内稽部の孫則が、奚の羈縻州の北黎州が領す昌黎県令を務めていたことや、窟哥ひきいる契丹大集団を置いた松漠都督府の長史になったのは、どういうことなのだろうか。

先に述べたように、北黎州は、奚の可汗部落を置いた饒楽〔郡〕都督府を武徳五（六二二）年に崇州と鮮州に分け、その崇州が貞観二（六二八）年もしくは貞観三（六二九）年に北黎州と改名されたという。そして、その治所は営州城東北の廃陽師鎮である。その廃陽師鎮には、貞観三（六二九）年に師州という契丹の羈縻州も置かれている。

この奚の集団（北黎州）と契丹の集団（師州）が同じ廃陽師鎮に置かれたのは、両者の規模が小さかったためと考えることができる。また、譚其驤が、営州管内に置かれた羈縻州の一部には、異なる種族が混淆しているものもあると指摘しているが［譚其驤　一九九〇、五五七頁］、実はこの廃陽師鎮がその事例なのである。新旧『唐書』によれば、師州は「契丹室韋部」を置いたとある。これが「契丹の室韋部」なのか、「契丹と室韋両族」と読むのか難しいところである。譚其驤は後者であると考えたようである。とすれば、廃陽師鎮付近には、少なくとも契丹と奚、場合によっては契丹、室韋そして奚という三種族が隣接しあって居住していたことになる。筆者は、前者の状況であったと考えているが、いずれにしても、この地区には複数の異なった種族・部族集団が羈縻支配下にあり、その民族構成は複雑だったと想像できる。契丹ではあるが契丹室韋部に属さず、また奚にも属さない

孫則だからこそ、そのような地区の羈縻県令に就任したとは考えられないだろうか。

孫則が松漠都督府長史に就いたことは、どのように説明できるのであろうか。宋卿［二〇〇九］は、唐朝の羈縻政策において、長史を置いて羈縻府州を監領していたことを根拠に、この松漠都督府長史もそれにあたり、孫則は唐朝廷から松漠都督府を管理するために派遣された漢人であると解釈する。しかし、宋卿が根拠とする都督府長史の事例は、開元年間（七一三－七四一）に靺鞨を置いた黒水都督府の話である[40]。筆者は、唐朝の羈縻政策やそのシステムは、当初は前代以来の周辺諸族を懐柔する一方策として漠然と受け継いだものが、東突厥の崩壊にともなう民族移動の時の対応をきっかけとして、徐々に形成されていき、開元年間には確固たる支配システムになっていたと推測している[41]。すなわち、開元年間に設置された黒水都督府の事例をもって、孫則の松漠都督府の事例を解釈するのは慎重にならなければならないと考える。

ただ、孫則墓誌には、「復た藩（蕃）情の憂樂を以て、契丹を押せしむ。尋いで松漠都督府長史を授く」とあり、墓誌文からも孫則が外から松漠都督府の監督に携わったことがうかがえる。つまり、後の黒水都督府の長史の職務の原型が、ここに見られるといえるだろう。しかし、後と異なり、その長史に選ばれたのは、同じ契丹人の孫則であったのである。

ここで、注意しなければならないのは、契丹を置いた羈縻州群の区別である。唐朝に帰順してきた契丹のうち、もっとも古いのは、武徳二（六一九）年に帰順してきた内稽部である、これはすでに述べたように遼州（後に威州と改名）という羈縻州に編成された。ついで、貞観二（六二八）年に松漠部（昌州）、貞観三（六二九）年に室韋部（師州）、貞観十九（六四五）年に乙失活部（帯州）[42]、貞観二十二（六四八）年に契丹曲拠部（玄州）が帰順してきた。そして、最も大きな契丹集団が唐へ帰順してきたのが、貞観二十二（六四八）年の契丹の大首領窟哥

の集団である。唐朝はこれに松漠都督府を置き、窟哥を左領軍将軍兼松漠都督・無極県男とし、李姓を賜った。窟哥のもとには中小のいくつかの集団が従属しており、それぞれ松漠都督府に属する羈縻州として編成された。

筆者はこれらの契丹系羈縻州は、遼州（威州）、昌州、師州、帯州、玄州の五州と松漠都督府およびその属下の羈縻州とを区別すべきであると考えている。前五州の契丹集団は、おそらく窟哥の支配下に入らない独立した中小の集団であり、それぞれが個々の理由で、そして比較的早い段階から唐朝（場合によってはその前の隋朝）に帰属していた。唐朝は、これらの集団を内地の正州に準じた羈縻州に編成したが、その名称が一字であるなど、その他の羈縻州とは一線を画していたのではないだろうか[43]。おそらく、これらの集団は、かれらの故地から完全に営州城付近へ移住しており、そのためそれらの羈縻州の官庁は営州城内に置かれた他、営州城外の故城遺址を利用して置かれたのである[44]。また、万歳通天元（六九六）年に李尽忠と孫万栄が営州城に拠って唐朝に反旗を翻した際、松漠都督府系の羈縻集団は独立したが、この五つの羈縻州集団は唐朝の指示によって河南・山東方面へ南遷し、唐朝に従順な動きをみせている[45]。孫則は、このような「親唐的」契丹系羈縻州に属する者で、その立場から、帰順したばかりでその動向が不安定であった奚の集団（北黎州）や松漠都督府に送り込まれ監督した、と解釈することが可能ではないだろうか。孫則の役目とは、そういうものと理解することができ、また孫忠の松漠都督府司馬もこれと同様に解釈できるのである[46]。

六　懐遠府と行軍

孫則は、貞観四（六三〇）年に薛延陀や抜曳に使者として赴き、それらの唐への入朝に一定の役割を果たしたことから游撃将軍・右驍衛懐遠府左別将に任命され、貞観十九（六四五）年の高句麗遠征に従軍し、「左二軍惣管」となって戦功をあげた。その後、松漠都督府の長史となり（年代不詳）、六十七歳で世を去る一年前の永徽五（六五四）年に明威将軍と懐遠府折衝都尉を加えられている。

一方、孫忠は、年代はよく分からないが、上柱国・軽車都尉・右驍衛懐遠府校尉を授けられ、さらに懐遠府司馬となった。その後、松漠都督府司馬となったが、「時に島夷静かならず、遼碣榛蕪たり。君は営州都督程名振と共に驍雄を領」し、高句麗遠征に従事したようである。

墓誌から読み取ることができる事実は、懐遠府左別将だった孫則が、高句麗遠征に「左二軍総管」として従軍したことである。これは貞観十八（六四四）年に李勣を遼東道行軍大総管とし、営州経由で陸路、高句麗遠征を開始した事と合致する。この時、営州都督だった張倹も行軍に従軍し[47]、また契丹首領の於句折・奚首領の蘇支・靺鞨首領で燕州刺史の李玄正がそれぞれ衆を率いて高句麗遠征に従軍している[48]。孫則も契丹首領の於句折のもとに、この遠征に参加したのだろう。

では、孫則が就いた「左二軍総管」とは、どのようなポストだったのだろうか。行軍は、戦時の軍編成であり、その時の状況によって編成も異なったと考えられるが、今、初唐の行軍のモデルが伝わっているので、それを示してみよう。行軍全体の規模は、およそ兵二万人で、大総管が統括した。この行軍は、中軍（四千人）、左・右虞

候軍（各二千八百人）および前軍・後軍・左軍・右軍（これを左右廂四軍という。各二千六百人）の七軍に分かれている。中軍は大総管が率い、その他の六軍には総管が置かれた。中軍を除く他の六軍は、それぞれ三つの営に分かれ、総管営（千人）と二つの子総管営（各八百～九百人）からなっていた［孫継民 一九九二］。

孫則は「左二軍総管」であったが、この「左二軍」が何を指すのかはっきりしない。上記の七軍編成がさらに細かく分かれていたのか、あるいはこの「左二軍」は左軍の中の子総管が率いる軍の一つだったのか。貞観十八年から十九年にかけての高句麗遠征で、李勣が率いた遼東道行軍の規模がどのくらいだったのか不明であるが、同じく総章元（六六八）年の時に李勣が率いた遼東道行軍は二万人であったので[49]、おそらく貞観時も同じ規模であっただろう。とすれば、孫則の率いた「左二軍」は左軍の中の子総管が率いる軍の一つと考えていいのではないだろうか[50]。そして、その規模は八百人ということになる。

ところで「左二軍総管」の類似例として、太宗の高句麗遠征の際に直言して太宗の気分を害した尉遅敬徳が左一馬軍総管になった事例、上元三（六七六）年に背反した吐蕃を征討する際に、裴行倹を洮州道左二軍総管とした事例がある。この時、蔚遅敬徳はすでに引退状態にあって開府儀同三司（文散官、従一品）を与えられており、裴行倹は吏部侍郎（正四品）であり、両者が軍府の職に就いていた事実はない。また両者ともに、兼任する位階が孫則よりもはるかに高いように思われる。

とすれば、孫則の「左二軍総管」は、墓誌撰文上の雅称で、実際の職はもっと下級のものだったのだろうか。一つの解釈としては、この時点における懐遠府という軍府の実質的リーダーが、左別将の孫則だったというものである。というのは、折衝府に別将（上府正七品下、中府従七品上、下府従七品下）があるが、孫則の「左別将」はこれとは異なるかもしれないからである。唐は隋制を受けて、軍府制度（いわゆる「府兵制」）を継承したが、

武徳七（六二四）年に驃騎将軍を統軍、車騎将軍を別将と改称した。その後、貞観十（六三六）年に統軍を折衝都尉、別将を果毅都尉と改称している[51]。墓誌の記載からすると、孫則が懐遠府左別将になったのは、貞観六（六三二）年頃なので、これは果毅都尉（上府従五品下、中府正六品上、下府正六品下）を指すのではないだろうか。そして、貞観十年の改称後も旧称たる「別将」を使用したと考えることができる。そうならば、折衝都尉の次官として行軍に参加し、子総管として軍を率いたと考えることができる。

ところで懐遠府が契丹の羈縻州に置かれた軍府で、契丹人を軍事編成する目的があったとすれば、その組織は契丹の本来の部族集団の組織を反映したものであっただろう。すなわち、李永定墓誌で見えるように、この集団の首領、あるいは首領の一族の有力者が羈縻州刺史と折衝都尉を兼任していたはずである。ならば、孫則が従軍したこの時、懐遠府の折衝都尉はどうしていたのだろうか。

先に李勣率いる遼東道行軍には、契丹の首領の於句折が「衆を率」いて従軍していることを見た。於句折の名は、『冊府元亀』にのみ現れ、他の史料では出てこない[52]。が、貞観十八年の段階で唐朝に帰順していた契丹の有力者としては、内稽部首領をあげることができ、於句折がそれに当たる可能性は高い。とすれば、於句折が羈縻州刺史、もしくは折衝都尉であり、総管として従軍した可能性はあるだろう。すなわち、左別将＝果毅都尉であった孫則が、そのもとで「左二軍総管＝子総管」として参加したと考えることができる。

一方、孫忠は、孫則の高句麗遠征とは時期がずれ、高宗の時の高句麗遠征にかかわった。高宗の時の高句麗遠征は、永徽六（六五五）年、顕慶二（六五七）年、顕慶三（六五八）年の三回行われたが、盧・柏［二〇一四、九七頁］は、墓誌文の記述から、孫忠の従軍は顕慶三年にあたると解釈している。孫忠はこの時、松漠都督府司馬であり、懐遠府司馬の職を兼任していたのかどうかは墓誌文からは明らかにならない。また、孫則と異なり、

行軍中にあってどのような職に就いていたかも不明である。ただし、「驍雄を領」したとあり、このことから兵を率いたことは間違いなく、筆者はこれを懐遠府の府兵を率いて参加したのではないかと想像している。

　この孫則・孫忠が属していた懐遠府が契丹の羈縻州に置かれた軍府で、その府兵が部族集団ごと行軍に参加したという筆者の推測を補強する別の史料が、「大唐故遊撃将軍左金吾衛遼西府折衝都尉駱府君墓誌銘幷序」である。未公表史料なので、その一部を引用してみたい。

> 公、諱は本、字は道生、昌黎孤竹の人なり。……曾祖の倶、随（隋）の光禄大夫・当蕃大首領なり。……祖の国、随（隋）の左光禄大夫・当蕃大首領なり。……父の弘は、唐の雲麾将軍・左金吾衛遼西府折衝・上柱国・広寧郡開国公たり。……（公は）儀鳳三年起家して游撃将軍・守左金吾衛遼西府折衝都尉を授かる。……公は当府兵を領し、甲冑を擐す。[53]

墓主の駱本は、その曾祖父、祖父を「当蕃大首領」といっていることから明らかに非漢人である。しかし、墓誌の記述からはその種族・部族名は特定できない。筆者は、この駱氏を契丹人であると判断した［森部 二〇一五］。駱本は、非漢人部族集団の首領クラスの出身であるが、州刺史には就任していない。その代り、父の遼西府折衝都尉を世襲している。この遼西府も史料に見えず、その存在位置などが不詳である。しかし、非漢人部族集団の首領クラスの人物が折衝都尉となり、また同じ一族の駱英が左果毅都尉になっている遼西府は、間違いなく羈縻州に置かれたものである。それは契丹系の羈縻州であったと筆者は考えている。

　墓誌の記述によれば、駱本は「当府兵を領し、甲冑を擐」して従軍したとある。彼は遼西府折衝都尉であったから、この「当府兵」は遼西府の府兵であったことは間違いない。[54]おそらく孫則の従軍も、これと同じようなものであったと考えることができる。

おわりに

本稿は、朝陽で発見された孫道、孫則、孫忠、孫黙の四墓誌を取り上げ、彼らが契丹人であるという説を再提示した。まず、孫則・孫忠・孫黙の三人が同世代（同輩行）の人であり、かつ同一族である可能性が非常に高いにも関わらず、その系譜は墓誌の記述をそのまま鵜呑みするのでは復元できず、一部修正しなければならないこと、その祖先の名前、官職名に若干の異同があることから、その系譜は七世紀後半に作られたものと推察した。また、諱ではなく字に共通する輩行字をつけて同世代の関係を示す点なども、彼らが漢文による墓誌作成時に、漢文化を模倣したとみなせるだろう。このことから、逆に、彼らは漢人ではないことが推察できる。そして、孫則や孫忠が契丹系羈縻州の官職に就いていることから契丹人であると判断した。

孫則の官職歴をみてみると、彼が属する部族集団を置いた羈縻州のみならず、それ以外の種族の羈縻県、契丹の別の部族の羈縻府の役人になっているという状態が見られる。これは、孫則が属していた契丹の部族集団（内稽部）が、おそらく隋以来、中原王朝に帰順していたこともあり、唐朝からすると「信頼する」に値した集団であったと判断され、それゆえ、唐への帰順が新しい集団に対する監督という立場を与えられたと解釈した。

最後に、懐遠府という軍府に関して、これは契丹の羈縻州に置かれたものであること、この軍府は内地の正州に置かれたものと異なり、唐朝が契丹人を軍事的に徴発するための機能をもった機関であったこと、有事の際には軍府の官職にある者が行軍総管などに任命され、軍府に属する府兵（実態は契丹人）を率いて外征に従事したことを主張した。

唐の羈縻政策において、少なくとも同種族であるが異なる部族間で羈縻州の長官や属官に任じられるということがあったようである。このことがどのような意味を持ったのかについては、別稿でさらなる再検討をすることとしたい。

注

（1）少なくとも、本稿で扱う孫道・孫忠墓誌は、この統計に入っていない。
（2）唐代営州の歴史的研究を精力的に進めている宋卿の一連の業績において、朝陽出土の石刻史料が利用されている。ただ、氏の利用は、実地調査にもとづくものではない。ちなみに氏の一連の成果には、以下のようなものがある。宋卿「唐代営州府行政職能略論」（『東北史地』二〇〇九－五）、同「唐代営州政府経済職能初探」（『社会科学輯刊』二〇〇九－三）、同「唐代平盧節度使略論」（『中国辺疆史地研究』二〇－二、二〇一〇）、同「試論営州在唐代東北辺疆的地位与作用」（『東北師大学報（哲学社会科学版）』二〇一一－二）、同「試論唐前期平盧節度使的職官兼任」（『西南大学学報（社会科学版）』三七－一、二〇一一）、同「唐代営州研究綜述」（『東北史地』二〇一三－四）、同「試論唐代東北辺疆重鎮営州的権力伸縮」（『史学集刊』二〇一四－三）、同「唐代営州軍事設置探究」（『中国辺疆史地研究』二五－三、二〇一五）、同「唐代営州都督略論」（杜文玉主編『唐史論叢』二二輯、三秦出版社、二〇一六）。
（3）詳細は不明であるが、実際の刊行は二〇一五年だと思われる。
（4）なお、本稿の行論・結論は、すでに発表している森部［二〇一五、二〇一六］の孫氏一族墓誌部分の記述・解釈と重複するところがある点、諒承されたい。
（5）森部［二〇一六］では、『隋唐五代墓誌滙編』のキャプション（後注8参照）に基づき、孫默墓誌の出土年が不詳であるとしたが、金殿士［一九五九］によって訂正する。
（6）宋卿は二〇〇八年に吉林大学へ提出した博士学位論文において、『光明日報』の記事を利用し、孫則および孫忠を漢人であるとした［宋卿二〇〇八、一二〇・一二一・一二三頁］。また、翌年発表した宋卿［二〇〇九］でも、博士論文にもとづき孫則と孫忠を漢人として扱っている。

（7）盧治萍［二〇一二］は、朝陽市［二〇一二］の孫則墓誌の釈文について誤りなどを指摘しているので、遼寧省［二〇一二］の出版後に執筆されたことになる。とすれば、盧治萍［二〇一二］の刊行は、二〇一三年以降と考えられる。

（8）孫黙墓誌拓本は『隋唐五代墓誌滙編』（北京巻附遼寧巻）第三冊（天津古籍出版社、一九九一、一八二頁）に収めるが、本稿執筆に際しては、参照できなかった。

（9）姜同絢「《唐代墓誌滙編続集・孫黙墓誌》録文辨誤」（『重慶第二師範学院学報』二六－二、二〇一三）があるが、未見である。

（10）朝陽発見の唐代墓誌のうち、孫姓墓誌を含めた契丹人の墓誌、あるいはそれに関係する墓誌については、その全テキスト・訳文・語釈を整理し、二〇一九年度をめどに、研究報告書として発表する予定である。

（11）「孫道墓誌」釈文について、盧・柏［二〇一四］の解釈と異なる部分がある。これは、筆者が撮影した写真をもとに釈読した暫定的な読みである。これらの部分は、さらなる現地調査によって確認しなければならない。ゆえに、本稿においては「釈文（稿）」とした。また、盧・柏［二〇一四］との異同についての注記は省いた。

（12）孫則墓誌本文および孫忠墓誌では「右驍衛懐遠府」とあるので、「右」の誤り

（13）盧治萍［二〇一二］は「奕」とするが、碑別字からすると「弈」のが妥当。「弈」と「奕」は同音異義字であるが、俗では通用していたので、墓誌の意味は「奕葉」の意味で解釈できる。

（14）碑別字から「享」「亨」「烹」のいずれでも解釈できる。

（15）朝陽市［二〇一二］は「亦」とするが、盧治萍［二〇一二］に従う。

（16）朝陽市［二〇一二］は「愛」、盧［二〇一二］は「憂」と釈す。

（17）盧治萍［二〇一二］は「樑」と釈す。

（18）朝陽市［二〇一二］は「榮」とするが、盧［二〇一二］に従う。

（19）盧治萍［二〇一二］は「裔」と釈す。

（20）盧治萍［二〇一二］は「啓」と釈すが、碑別字からは「戒」とするのが妥当。「丹旐戒路」は常套句。太宗「祭高士廉文」（『全唐文』巻一〇）に、

朕與卿義重君臣。道符冥契。鱗波順乎風勢。早啟沃乎朕心。如何一朝。奄成異代。眷言疇昔。用切深衷。自幽明一

謝。將歴數旬。尚同城闕之間。想遊魂其如近。今既丹旐戒路。歸骨窮泉。望隔邱野之中。思令德而方遠。凝哀笳於晨路。引斷驂於夜臺。嗟爾世之長辭。結余心之永恨。追懷前賞。極宴終娯。豈謂樂情。迥成悲緒。酒有千日之號。人無再飲之期。昔臨膳以增歡。今撫杯而益慟。故遣陳茲饗禮。以寄囊懷。魂如有靈。歆我哀饌。

とある。『全唐文』の出典は『冊府元亀』巻三一九「宰輔部・褒寵二」による。本稿作成に際し、『冊府元亀』は諸事情により明版影印本（北京、中華書局）は利用できず、文淵閣四庫全書影印本を参照した。なお、宋本には該当巻が残存しない。

(21)「孫忠墓誌」釈文についても「孫道墓誌」と同様の理由で、盧・柏［二〇一四］の解釈と異なる部分がある。「孫忠墓誌」も石材質と刻字の問題で読みにくい。この点、現地調査によって再確認する予定である。本稿においては「釈文（稿）」とした。また、盧・柏［二〇一四］との違いも注記しない。

(22)金殿士［一九五九］による。

(23)金殿士［一九五九］による。行数不明。

(24)濱海郡の名は、正史などでは確認できない。載初年間に契丹の松漠部落を置いた昌州を分けて沃州を置いた。その沃州に置かれた県に「濱海」の名が見える。

(25)載初の元号は、西暦六九〇年正月から八月までであり、同年九月からは天授元年となっている。載初二年は、天授二年となる。

(26)『新唐書』巻七三下「宰相世系表・孫氏条」。

(27)田立坤［二〇一二、一一八頁］。田立坤は、さらに孫則の父の孫會を孫敖曹であると解釈している。

(28)盧治萍［二〇一二］は、『元和姓纂』の「孫姓条」に「周文王第八子衛康叔之後」とあるのを引いている。また、「上將興呉」は呉国の孫武を指し、「名卿覇楚」は孫叔敖を指すと解釈する。

(29)本稿で引用する契丹人・李永定も、隴西の李氏を名乗る。

(30)唐初の遼州には、武德二（六一九）年に契丹・内稽部落を置いた羈縻州と、武德三（六二〇）年に、河東に置いた遼州とがある。しかし、孫則の本貫は「営州昌黎」であること、彼のその後の官職も営州管内の羈縻州のものであることから、河東に置かれた遼州は排除してよいと考える。

（31）両『唐書』地理志の記載する遼州の設置年代（武徳二年）と、『旧唐書』巻一九九下「契丹伝」が伝える孫敖曹の遼州総管任命時期（武徳四年）にはズレがある。これについては、孫敖曹とその集団（内稽部）は、隋朝に帰属していたが、隋末の混乱で一旦、その統制から離れたため、唐初になって、改めて内稽部を遼州という羈縻州として置き、そしてその後に首領の孫敖曹を総管に任じたと考えておきたい。

（32）ただし、宋卿の判断は、姓を根拠とするようである。それゆえ、森部［二〇一五］で契丹人と考えた高英淑の一族を、「高」姓という理由で、高句麗人としている。しかし、筆者は、宋卿の判断には従い難い。高英淑の一族は、「本蕃大首領」であり、父の高路は「師州刺史」であった。師州は、本文で述べたように、契丹室韋部を置いた羈縻州であり、このことから筆者は、高氏一族を契丹人と解釈する。

（33）唐代の府州の属官としての典籤は、記録上見えない。南朝から隋にかけては地方長官のもとに典籤の職があり、隋では八品から九品に位置付けられていた。唐代では、王府や行軍中に典籤が置かれていた。また、唐代の府州における参軍は参軍事として見え、八品であった。盧治萍［二〇一二、一九四－一九五頁］参照。

（34）『旧唐書』巻三九「地理志・河北道」

崇州。武徳五年、分饒樂郡都督府置崇州・鮮州、處奚可汗部落、隷營州都督。……昌黎（縣）。貞觀二年、置北黎州、寄治營州東北廢楊師鎮。八年、改爲崇州、置昌黎縣。

『新唐書』巻四三下「地理志・羈縻州・河北道・奚州」

崇州。武徳五年析饒樂都督府之可汗部落置。貞觀三年更名北黎州、治營州之廢陽師鎮。八年復故名。……縣一、昌黎。

（35）『旧唐書』には松漠都督府下の羈縻州の記載は無い。『新唐書』巻四三下「地理志」には、松漠都督府に属する羈縻州として「峭落州」「無逢州」「羽陵州」「白連州」「徒河州」「萬丹州」「疋黎州」、「赤山州」の八州が確認できる。『唐会要』巻七三「営州都督府条」では、これに「弾汗州」を加え、九州とする。

（36）李永定墓誌に関しては、森部豊［二〇一〇、八〇－八六頁］参照。

（37）懐遠県の名はこれ以外にも、設置年代は不明であるが奚を置いた順化州に懐遠県、営州管内に懐遠守捉城、安東都護府管内にも懐遠軍が置かれており（『新唐書』巻四三下、地理志）、「懐遠」は唯一の場所を示す固有な地名ではないよ

うに思う。

(38) 玄州の設置年代は、史料によって異なる。『旧唐書』巻三九「地理志・河北道・玄州条」は、隋の開皇年間の初めに契丹の李去閭部を置いたとする。『新唐書』巻四三下「地理志・羈縻州」では、貞観二十（六四六）年に契丹の紇主である曲拠の部落を置いたとする。『資治通鑑』は、曲拠の帰順と玄州の設置を貞観二十二年とする（『資治通鑑』巻一九九、唐太宗・貞観二十二年四月己未条）。『新唐書』巻二一九「北狄伝・契丹条」は「大酋辱紇主の曲據又衆を率いて歸すれば、即ち其の部玄州と為し、曲據に刺史を拜し、營州都督府に隷せしむ。未だ幾ならずして、窟哥部を舉げて内屬すれば、乃ち松漠都督府を置く」とあり、『資治通鑑』によれば貞観二十二年四月に曲拠が帰属し、同年十一月に窟哥が内属している。筆者は『新唐書』「北狄伝」の「未幾」を貞観二十二年中の時間差と解し、曲拠の唐への帰順を貞観二十二年と考えたい。なお、森部［二〇一五］では玄州の設置を貞観二十年としたが訂正する。

(39) 李永定の曽祖父は「本蕃大都督兼赤山州刺史」と記され、祖父は「雲麾将軍・左鷹揚大将軍兼玄州刺史」と記される。これが事実なのか、あるいは先祖に対する贈官なのか判断しかねるが、少なくとも契丹のある集団の首領クラスの家柄であったことは間違いない。父も「玄州昌利府折衝」であったことから、李永定は玄州に置かれた契丹の曲拠部に属する者だったと判断できる。

(40)『旧唐書』巻一九九下「北狄伝・靺鞨条」

開元十三年、安東都護薛泰請於黑水靺鞨内置黑水軍。續更以最大部落為黑水府、仍以其首領為都督、諸部刺史隷屬焉。中國置長史、就其部落監領之。

(41) この三十年来の中国における唐代の羈縻政策および羈縻府州に関する研究は大きな進展をみせている［森部二〇一六］。その一方、そのとらえ方は、静態的なもので、唐一代という長期間にあって、どのように変化したのか、という時間的変化の観点が見受けられない。

(42)『新唐書』巻四三下「地理志」では貞観十年とする。

(43) 筆者は、唐前半期の中国東北部に置かれた羈縻州名に、漢字一字の州と二字の州とが混在していたことに疑問を持ち続けていた。これについて、譚其驤以来、中国大陸の研究者の間では、羈縻州とは一元的なものではなく、準正州的なものと純粋な羈縻州とに区別する見方をしている。ただし、羈縻州を「内地羈縻州」と「外地羈縻州」、あるいは「城

傍羈縻州」と「異民族を原住地に置く羈縻府州」とに分けるなど、統一された言い方はないようである。

（44）『新唐書』巻四三下「地理志」を読めばわかる通り、これら五州の置かれた地点は、営州城内（遼州）の他「廃陽師鎮（師州）」「廃静蕃戍（昌州）」である。帯州と玄州は営州界隈とあるほか不明である。

（45）ただ、この五州のうちの遼州（威州）に置かれた内稽部の首領の後裔である孫万栄は、李尽忠とともに反唐的態度をとった。

（46）宋卿［二〇〇九］は、孫忠も漢人とみなし、唐朝がその契丹自治の内政に漢人を参画させたと解釈している。

（47）『旧唐書』巻八三「張倹伝」

遷營州都督、兼護東夷校尉。太宗將征遼東、遣倹率蕃兵先行抄掠。倹軍至遼西、爲遼水汎漲、久而未渡、太宗以為畏懦、召還。倹詣洛陽謁見、面陳利害、因說水草好悪、山川險易、太宗甚悦、仍拜行軍總管、兼領諸蕃騎卒、爲六軍前鋒。時有獲高麗候者、稱莫離支將至遼東、詔倹率兵自新城路邀擊之、莫離支竟不敢出。倹因進兵渡遼、趨建安城、賊徒大潰、斬首數千級。

（48）『冊府元亀』巻一一七「帝王部・親征二」（文淵閣四庫全書）

〔貞観十八年〕十二月甲寅、詔曰。……可先遣使持節・遼東道行軍大摠管・英國公勣、副摠管・江夏郡王道宗。……行軍摠管執失思力・行軍摠管契苾何力率其種落、隨機進討。契丹蕃長於句折・奚蕃長蘇支・燕州刺史李玄正等、各率眾、絕其走伏。

（49）『旧唐書』巻六七「李勣伝」。

（50）行軍の構成に関するこの問題については、今、手元に十分な史料が無く、考察も不十分と考える。今後の課題としておきたい。

（51）『通典』巻二九「職官典・武官下・折衝府条」

大唐武德初、猶有驃騎府及驃騎・車騎將軍之制。武德七年、乃改驃騎爲統軍、車騎爲別將。貞觀十年、復採隋折衝・果毅郎將之名、改統軍爲折衝都尉、別將爲果毅都尉。……別將一人、［割注：不判府事。若無兵曹以上、即知府事。初別將既改爲果毅、而府中有長史員。聖曆三年、廢長史、置別將一員。後又兼置長史。］

（52）注49参照。

（53）「駱本墓誌」（森部豊［二〇一五、一四二－一四三頁］）

公、諱本、字道生、昌黎孤竹人也。……曾祖俱、随光禄大夫・當蕃大首領。……祖國、随左光禄大夫・當蕃大首領。……父弘、唐雲麾将軍・左金吾衛遼西府折衝・上柱國・広寧郡開國公。……（公）儀鳳三年起家授游撃將軍・守左金吾衛遼西府折衝都尉。……公領當府兵、擇甲冑。

駱本墓誌は、朝陽市博物館において公開展示されているが、その報告書は拓本写真とともに未発表である。墓誌原石について、著者は一部調査済みであるが、判読が困難な個所も多い。この墓誌を含めた駱氏一族の墓誌に関する考察は、別の機会に譲ることとする。

（54）墓誌文によればこの戦役は、調露二年のことのようであるが、二〇一六年七月現在、本墓誌の調査はまだ不十分であり、墓誌文の釈読も終了していない。具体的なことは今後の課題としたい。

文献一覧（本稿作成に参照・利用した文献のみ。それ以外については、注で著者名・論文名・書名を挙げることとする）

【日本語文献】

森部豊［二〇一〇］『ソグド人の東方活動と東ユーラシア世界の歴史的展開』関西大学出版部

――――［二〇一五］「唐前半期の営州における契丹と羈縻州」『内陸アジア言語の研究』三〇

――――［二〇一六］「唐代奚・契丹史研究と石刻史料」『関西大学東西学術研究所紀要』第四十九輯

【中国語文献】

朝陽市［二〇一二］朝陽市博物館「朝陽唐孫則墓発掘簡報」『朝陽隋唐墓葬発現与研究』、科学出版社

金殿士［一九五九］「遼寧朝陽西大営子唐墓」『文物』一九五九－五

遼寧省［二〇一二］遼寧省文物考古研究所・日本奈良文化財研究所編『朝陽隋唐墓葬発現与研究』、科学出版社

盧治萍［二〇一二］「唐孫則墓誌考」『遼寧省博物館館刊』二〇一二年号

盧治萍・柏芸萌［二〇一四］「遼寧朝陽出土唐代孫氏墓誌匯考」『中国国家博物館館刊』二〇一四－一二

宋　卿［二〇〇八］「唐代営州研究」（未公刊）吉林大学博士学位論文

――――［二〇〇九］「唐代東北羈縻府州職官考」『北方文物』二〇〇九－一

――――［二〇一五］「唐代営州軍事設置探究」『中国辺疆史地研究』二五－三
孫継民［一九九一］「従一件吐魯番文書談唐代行軍制度的両個問題」『敦煌学輯刊』一九九一－二
譚其驤［一九九〇］「唐代羈縻州述論」『紀念顧頡剛学術論文集』（下冊）、巴蜀書社
田立坤［二〇一二］「朝陽的隋唐紀年墓葬」『朝陽隋唐墓葬発現与研究』、科学出版社
王晶辰［二〇〇二］『遼寧碑志』、遼寧人民出版社
王義康［二〇一五］「唐代中央派員出任蕃州官員吏員考」『史学集刊』二〇一五－六

〔付記〕本稿の「孫道墓誌」および「孫忠墓誌」拓本写真は、朝陽市博物館より特別に提供され掲載を許可されたものである。ここに記して謝意を表したい。本稿は、平成二十八年度関西大学在外研究制度による研究成果の一部である。

またＪＳＰＳ科研費（16K03100）の助成をうけている。

調査ノートから見る内藤湖南の敦煌学
――ペリオ邸資料調査記録の資料接合から――

玄　幸子

内藤湖南の敦煌学、とりわけ大正十三年から十四年にかけての英仏における敦煌写本調査に関しては既に詳細な先行研究[1]があり此処で改めて述べることは避ける。また、調査ノート全般に関する解説等については、別に『内藤湖南　敦煌遺書調査記録續編―英佛調査ノート』[2]の中で詳しく述べているので再度詳説しない。ここでは、特にペリオ邸での調査に焦点をしぼり、先ずその経緯を簡単に説明してみよう。

大正十三年（一九二四年）の八月パリに到着した一行は四日を経た二十二日にギュートナー書店で偶然にペリオと出会う。が、パリでの調査に先駆けて英蔵資料を調査すべくロンドンへ先に向かった。ロンドンでの調査を終えドイツ他を周遊した後、十月二十五日にパリに戻った一行は十一月五日にペリオを再訪し敦煌書閲覧につい て依頼をする。翌日二十六日からフランス国民図書館での敦煌書閲覧を開始、十二月十三日まで調査を継続する

中で、十二月四日五日両日の午後、十日午後二時から五時までペリオ氏邸にて敦煌書を調査したことが『航欧日記』[3] に記されている。

さて、表紙に「ペリオ教授邸書目」と鉛筆書きのある調査ノートには「右第一日」「以上第二日」という記載が見られ調査の具体的内容を次のように明らかに出来る。

大正十三年（一九二四年）十二月四日

3808, 3808V, ***2378, 2378V, 2495, 2495V, 2555, 2555V, 2567, 2567V, 2485, 2485V, 2014, 2494, 2495V, 2493, 2503, 2552, 3126, 2015, 2673, 2640, 2640V, 2586*** 3693-3696, 3556, 3556V, 3813, 3813V, 3701-3704, 3703, 3703V, 3704, 3718, 3538, 3994, 3744, 3552, 3800, 3800V, 3609, 3608, 3723, 3812, 3841, 3841V, 3635, 3635V, 3550, 3717, 3782, 3899, 3899V, 3720, 3732, 3535, 3792, 3792V, 3557, 3557V, 3547, 3722, 3722V, 3803, 3571, 3571V, 4021, 4099, 4099V, 4072, 4017, 4043, 4075, 4075V, 4065, 4007, 4007V, 4059, 4085, 4004, 4039, 4035, 4088, 4089, 4050, 4000（4006）, 4047, 4014, 4048, 4053, 4053V, 4070, 4010, 4021, 4027, 4066, 4066V, 4084, 4082, 4082V, 4049, 4009, 4087, 4036, 4057, 4057V, 4034, 4034V, 4094, 4025, 4061, 4029, 4013, 4073, 4073V, 4044, 4095, 4006, 4033, 4067, 4080, 4079, 4001, 4023, 4005, 4056, 4056V, 4028, 4069, 4096, 4024, 4041, 4046, 4045, 4058, 4076, 4081, 4018, 4077, 4038, 4011, 4052, 4012, 4055, 4091, 4086, 4002, 4002V, 4030, 4031, 4063, 4074, 4062, 4098, 4097, 4042, 4042V, 4022, 4037, 4060, 4078, 4093, 4016, 4003, 4015, 4090, 4064, 4040, 4051, 4092, 4019, 4071, 4071V, 4008, 4068, 4068V, 4020?, 4026, 4026V, 4032, 4083

十二月五日

3894, 3897, 3897V, 3536, 3764, 3727, 3727V, 3537, 3920, 3714, 3714V, 3551, 3791, 2857, 3736, 3753, 3753V, 3554, 3554V, 3820, 3548, 3827, 3827V, 3859, 3859V, 3849, 3849V, 3577, 3842, 3842V, 3546, 3610, 3832, 3922, 3838, 3911, 3907, 3909, 3917, 3908, 3919, 3906, 3776, 3924, 2523?, 3921, 3824, 3819, 3828, 3705, 3763, 3763V, 3759, 3877, 3877V, 3760, 3760V, 3746, 3916, 3900, 3900V, 3891, 3713, 3817, 3847, 3721, 3721V, 3574, 3728, 3854, 3854V, 3850, 3850V, 3771, 3771V, 3834, 2837, 3910, 3809, 3912, 3904, 3801, 3825, 3923, 3914, 3913, 3918, 3885, 3885V, 3861, 3896, 3898, 3898V, 3821, 3747, 3602, 3602V, 3768, 3795, 3716, 3716V, 3671, 3823, 3762, 3710, 3826, 3766, 3757, 3818, 3830, 3785, 3785V, 3915, 3797, 3542, 3544, 3844, 3809, 3902, 3798, 3799, 3777, 3685, 3758, 3903, 3790, 3541, 3541V, 3811, 3851, 3796, 3738, 3726, 3755, 3755V, 3816, 3845, 3890, 3807, 3750, 3534, 3880, 3711, 3804, 3872, 3872V, 3625, 3740, 3549, 3741, 3778, 3893, 3540, 3742, 3852, 3852V, 3661

十二月十日午後二時から五時まで

3895, 3840, 3754, 3774, 3845, 3767, 3863, 3863V, 3662, 3662V, 3597, 3905, 3833, 3553, 3815, 3815V, 3781, 3583, 3829, 3886, 3886V, 3677, 3756, 3675, 3624, 3734, 3843, 3848, 3831, 3623, 3748, 3846, 3640, 3836, 3752, 3901, 3793, 3772, 3772V, 3925, 3802, 3860, 3724, 3787, ***2810***, 3858, 3855, 3783, 3543, 3543V, 3814, 3822, 3822V, 3719, 3853, 3712, 3676, 3676V, 3856, 3892, 3789, 3789V, 3725, 3725V, 3839, 3786, 3786V, 3539, 3539V, 3805, 3835, ***2046***, 3507?, 3509?, ***2590***, ***2590***V, 3520, 3555, 3532, 3419, ***2139***, ***5542***, ***2543***, ***2762***, 3513, ***2524***, 3533, ***2023***, ***2023***V, 3761, ***2870***, ***2464***, ***2026***, ***2026***V, ***2022***, ***2022***V, 3884, ***2024***, ***2024***V, ***2026***, ***2026***V, ***2178***, ***2178***V,

2285, 2922, 2124

実に三五三点[4]もの敦煌文献を三日で閲覧したことになり、日に数点しか調査できない現在の状況と比べれば驚異的な数である。湖南自身は「歐洲にて見たる東洋學資料」[5]のなかで「十月下旬、その旅から巴里に還り、それよりペリオ氏の好意によってビブリオテーク・ナショナルの敦煌古書を閲すること殆んど六週間に及んだ。その間に閲覧したのは三百二十餘部、その他現に猶ほ整理中に屬する敦煌古書でペリオ氏の私宅に在るもので閲覧を許されたものが三百三四十部、佛蘭西では合計六百七十部を見た。」と記述しており、この三百三四十は、調査ノートに記録されている三五三とでは十数点以上の差が認められるが、ノートの記述には非常に簡単なメモも見られ、閲覧という観点からはカウントされなかった可能性もあると考えれば、誤差の範疇に収まるであろう。[6]更に既にペリオ目録に掲載されていたであろう黒字ゴシックで示したものを除けば、又数値が変わってくる。湖南自身も三百三四十部という概数しか示していないので、確かなところは分からないというよりほかなかろう。

また、調査に同行した石濱純太郎は、帰国した年の夏に行った懐徳堂夏期講演で、「このペリオ編纂の目録を見ますと二〇〇一番から三五一一及び四五〇〇-四五二一番丈の目録で最初の二千巻と中の一千巻が出來てゐません。中の一千巻中に屬するものが何かの都合上ペリオ氏の私宅に置いてありましたが、幸にして内藤先生はそのペリオ宅の分を全部一見されましたから、内藤目錄が出來ると其間の部分がよく分ります」[7]と述べており、ペリオ宅で既に整理番号を附した資料をすべて実見したことが知られる。

さて、本稿で取り上げる接合に関連する表現として、調査ノートには「卜同一筆」「卜同じ」「卜同書」「卜連接ス」「卜連接スベキモノ」の四種類が見える。「卜同一筆」は二五五二-二五六七の一例、「卜同じ」は四〇七六-四

〇一三、四〇八六-四〇七六、四〇七八-四〇八六の三例であるが、繋げていくと四〇一三-四〇七六-四〇七八-四〇八六がすべて「同じ」ということになる。「ト同書」は三七八二-S五五七、三八八五-二六七三の二例、「ト連接スベキモノ」は四〇九七-四〇九八の一例、「ト連接スベキモノ」は四〇七〇-四〇一四、四〇七三V-二八一〇・二三八〇、四〇六九-二六七三、三七四二-三七六六の四例の都合十一例である。書き分けの意図があるのかどうかを含めそれぞれの記述を以下に検討してみよう。

具体的検討に入る前にその方法について先に簡単に説明すると、まず、調査ノートの記述を確認し、「董康目録」を参照したと考えられる場合は、湖南書写のものと上海図書館所蔵のものの二種類について関連個所を引用し確認をする。これによって接合についてどのような方法で判断したのかをより明確にすることができる。湖南欧州敦煌文献調査に参照しえたのは、ほぼ唯一「董康目録」であったと考えられる。ほかにペリオの手になる未完成の目録も見ていたはずであるが、この目録には全般に接合に関する情報がないため、本稿のテーマの参考にはならない。

次に接合について、果たしてその判断が妥当なものかどうかを確認する。BnF Gallica(8)およびIDP(9)で公開される原資料の写真を確認することは言うまでもなく、湖南調査以降の研究成果で接合の状況に言及する場合は、取り上げて紹介をし、併せて接合の妥当性を検討する。

では、次に実際に検討を始める。

【其の二】二五五二―二五六七[10]

・2567（ノート四枚目）

唐詩抄（敦）

王昌齢　丘爲　陶翰　李白

高適

背　敦煌寺院什物目録

・2552（ノート六枚目）

唐詩抄

2567ト同一筆

首　多数ノ詩　名無シ

後　李昴詩数首アリ

＊上欄に「董目」とある。

参考

・2555（ノート二枚目）

詩賦　抄録　敦煌紙　書不劣

背　亦詩賦抄
胡笳十八拍アリ
又
文アリ　　長巻

「湖南書写董康目録」

敦煌莫高窟蔵書録　　巴黎圖書館藏本
二五五二　詩集　唐寫本
　前後缺。疑岑嘉州詩也。
上李左相　奉酬李太守丈夏日平陰亭見贈
…
二五六七　詩集
　前後缺
二五五五　詩集　唐寫本
缺前數行。第一首有松篁翠色能藏馬桃李垂陰可借人之句。末有斷裂缺（黏）接處，前後文義不相屬。**是與二五五二及二五六七疑岑嘉州詩**

也。

「上海図書館収蔵董康目録」 上巻 十一葉・十二葉

2552　詩集 唐寫本

前後缺。上李左（右）相前尚有四行　東平贈狄司戸重出此集。**與後二五五五及二五六七疑均爲岑嘉州詩也**。目附後。

2567　詩集

前後缺。所録皆當時傳誦之作。

2555　詩集 唐寫本

缺前數行。第一首有松篁翠色能蔵馬、桃李垂陰可借人之句。中間或題岑参。然他作率直且多效長慶體，恐非是。末有斷裂黏接處，**前後文義不相屬**。**閲時宜注意**。

右文献は、現在では既に接合作業も終え、Gallica そして IDP ともに2567（+2552）とあり一枚のつながった資料として公開される。寧ろ pelliot chinois 2552 は単独では探し当てられない。[11] ノートの記述から湖南の調査時には接合可能であると既に判断されていたといえよう。この接合結果は、湖南達が調査の段階で新たに発見したものというよりは、やはり董康目録の情報に拠っているだろうことが推察される。ただし、ノート四枚目の2567に「ト

同じ」の記載がなく、六枚目の2552の箇所に現れることから、調査順に同資料が現れたときに董康目録を参照しつつ実見して確認をするという手順を踏んだと考えられる。

ところで湖南書写の董康目録と上海図書館藏董康目録（以下上図本と略称）の記載について異同が見られる。上図本で二五五二に説明されていた二五五五と二五六七に言及する部分が湖南写本では二五五五の解説に移っている。これは董康目録の別版の存在を示唆することにもなろうが、一方で湖南書写時に何らかの意図が働いたと考えることもできようか。上図本が整理番号順にもっとも先に出る二五五二で説明しているのに対し、湖南書写本では二五五五で説明を加えている。さらに、調査ノート二枚目で3つの文献中最も最初に出てきており董康目録参照箇所[12]であるにもかかわらず調査結果を見る限り二五五五と二五六七＋二五五二の関連を全く記していないのである。ここは董康目録を参照しつつも調査の中で董康とは異なる判断を下したと考えられる。

これまでの研究結果から二五五五には岑参の詩は佚題詩二首、「江行遇梅花之作」そして「冀國夫人歌詞七首」の全十首が書写されていることが明らかになっている。が、二五五二と二五六七には岑参の詩は見えない。董康の勘違いによるものと考えられるが、湖南はその点をきちんと是正したといえよう。

《敦煌詩集殘卷輯考》[13]には二五六七＋二五五二を「唐詩叢鈔　詩一一九首」として次のように解説している。

> 原卷殘裂爲二，分編兩號。前段伯二五六七卷，一九一三年羅振玉將伯希和先後郵贈的敦煌寫本影件十八種編成《鳴沙石室佚書》，此卷即在其中，並撰有提要。一九五八年中華書局上海編輯所編《唐人選唐詩（十種）》，又將此卷影件收作第一種，並有錄文排印本，沿用羅振玉擬題定名作《唐寫本唐人選唐詩》，爲學術界廣爲所知。後段伯二五五二卷，羅氏當年未及寓目，趙萬里、王重民先生於一九三四、一九三五年分別撰有提要，

指出伯二五五二與二五六七同爲一卷，並查證、校錄了卷中的高適佚詩。以上三家提要均收錄《敦煌古籍敘錄》卷五集部。

つまり、二五五二―二五六七の二資料の接合は一九三四、五年にそれぞれ趙萬里、王重民両氏の指摘により確定したとする。また、二五五五については俄藏Дх.三八七一と接合し「唐詩文叢鈔　詩二一〇首」として解説している。

俄藏との接合についてはまず置くとして、公的に確定する十年も前に湖南が、董康の誤りを踏襲せず、すでに正確に二五五二―二五六七の接合を指摘していたことは十分に評価されるべきであろう。

【其の二】四〇一三―四〇七六―四〇七八―四〇八六

・4013（ノート二七枚目）
　板畫小佛像
　白描

・4076（ノート三二枚目）
　板畫
　4013ト同じ

・4086（ノート三四枚目）

板畫

4076ト同じ

・4078（ノート三七枚目）

板畫

4086ト同じ

前例はいかに湖南一行の調査が緻密であったかという点を示しているが、ここでは全く反対の様相を見せている。いもづる式に「同じ」で繋がる右の四資料であるが、原資料を確認すると、素人目にも明らかに異なるとわかる。強いて言えば「板（版）画」という点においてのみ「同じ」と言えようか。異なる資料であることを示すために専門的見解を次に紹介する。邰惠莉著〈敦煌版画敘録〉[14]は全235件の敦煌版画を対象に109種の類型に弁別し整理番号ごとに資料名を付して説明するものである。右記資料についての説明を次に引用しておく。[15]

P.4013　遊戲坐菩薩

説明　寬 28.0 厘米、高 31.8 厘米。此圖與P.3880 號同版。

P.4076　水月觀音

説明　寬 23.4 厘米、長 108.5 厘米。單幅寬4.8 厘米、高 7.9 厘米。下部殘，每列 3 身。水月觀音遊戲坐於蓮台上、側身向左。右腿結跏、左腿下垂、足踩蓮花。右手撫膝，左手曲臂上揚。此圖與 S.P.252 S.P.253　S.P.19　S.9487B　Дx5108 等卷同版。

P.4086　禪定千佛

説明　寬 43.2 厘米、長 28.9 厘米。3 排 9列、共 27 身。此圖與 P.3880 同版。

P.4078　善跏倚坐千佛

説明　寬 28.9 厘米、長 41.9 厘米。單幅寬3.6 厘米、高 5.2 厘米。佛像每排 11 身、5 列、共55 身。佛正面善跏坐四方寶台、足踩蓮花。內著僧袛支，外著通肩袈裟。右手結説法印、左手結與願印。此圖與 P.4514.17.(B)、P.4514.20、S.P.18等卷同版。

以上の説明から、先の四資料はほとんど関連性がないことが明確である。調査記録はとるものの総じて興味の対象外であったことが推し量られよう。

【其の三】三七八二-S五五七

・3782（ノート一五枚目）

占卜書（敦）粘葉装

倫敦S.557ト同書

＊上欄に「董目」とある。

・S五五七（調査ノート37-1 二八-二九頁）

S.557 ◎ 占卜書

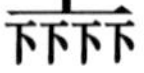

家有悪鬼兩丶對坐天地高卑莫能

並慎口大 顔淵曰陰陽失偈不相制

使暦鬼寔繁此卦百事不吉卜宅及病弥凶也

入水伐木登山捕魚植物失力手空口虚 注曰凡事不

如人上山覔處象入水覔木終不可得徒労功力 願

已闕天地又及立功造事不見成遠避如求火於園中捕魚

無所得也此卦婚姻凶病者死

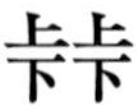

毎卦皆注曰、願淵曰アリ

三十一行

$17\frac{1}{2}$吋

「湖南書写董康目録」

伯理和編脩藏本　第七枚目

三七八二　霊碁卜法一巻 唐寫本

存七紙毎卦繇詞四句至八句不等坿注頗似

易林

敦煌莫高窟蔵書巻二　伯理和編脩蔵本　総二十一枚目

三七八二　霊碁卜法一巻 唐寫本

＊倫敦S.557亦有此書、残巻卅一行

「上海図書館収蔵董康目録」　下巻 四二葉

3782　霊碁卜法一巻　唐寫本

存七紙毎卦繇詞四句至八句不等 坿注頗似易林
鮮之者爲顔淵 葢偽託也 茲録数卦並巻尾題誌 如
後
中中中下下下 君子抗衡 小人低頭 昭君治世 分別紫朱 ○注曰
祁以其大不口 小人理正 雖低頭 君子別之 顔
淵曰 有理重也 地地安美 謹謹先照之 猶易云小
人勿用之 求官吉也
中中中下 （以下卦文省略）

霊棊卜法一巻 殿下賜本
已前都計一百廿四卦 壬申年寫了 范捂記
上中下惣覆卜人吉憂生產之事或改造田宅吉
上中下惣覆或有立者亦准前或有異端事

既にロンドンでの調査を終え、斯五五七の記録は取ってあったはずであり、その特徴のある文面は頭に残っていたと思われる。上図本「董康目録」には「倫敦S.557亦有此書」などの接合に関連する記述は見られず、湖南書写の「董康目録」の「倫敦S.557亦有此書、残巻卅一行」の記述も本文ではなく鉛筆書き目録の上欄にのみ見え、

調査時に後で書き加えたメモであろう。[16] よって、この接合についてはペリオ邸での三七八二調査時に初めて確認したに違いない。

接合の是非については、黄正建《敦煌占卜文書與唐五代占卜研究》（増訂版）の関連個所を引用しておく。「霊棋卜法」に二類あるとしてその一類を次のように説明する。

第一類有兩件，即S.557和P.3782。這兩件文書都用『上、中、下』來表示卦象，沒有寫卦名。其中P.3782較長，標出卦象的共有67箇，但內有一個重複，故實有66箇。與四庫全書本《靈棋經》對查的結果，這66箇卦象分別是：第8–16卦、第24–32卦、第39–48卦、第52–64卦、第76–80卦、第90–96卦、第106–112卦、第119–124卦。所以雖然形式上是首殘尾全，但實際上中間缺了許多。S.557前後殘，存卦象6箇，即第100–105卦。比較這兩個殘卷，卷式、字體皆相同。因此可以斷定這兩個殘卷原是一件，S.557是P.37882中的一頁。

引用文の通り、互いに補い合う内容であること、巻の形式、字体の一致を根拠に斯五五七と伯三七八二は同一資料であると認識されている。湖南の調査の緻密さ正確さが証明されたといえよう。

斯五五七は一九二五年に出版された羅振玉校録『敦煌石室砕金』の最後に「靈棋經」として納められた。ただスタイン番号が付されていないため、史料同定には直接本文校合の必要がある。湖南の調査目録が世に出ていれば、スタイン番号で表示された斯五五七と伯三七八二の連接結果が早早に広く知られることになったであろう。

【其の四】二六七三―三八八五

・2673（ノート八枚目）調査一日目

抄録

上―――書　翟庭玉

龍門賦　河南縣蔚盧竘撰

王昭君　安雅詞

北邙篇

初度嶺過詔州靈鷲廣果二寺其

寺院相接故同詩一首

江上羈情

行草書　似我邦道風佐理等書

＊龍門賦の上に「5」あり

＊上欄に「董目」あり

・3885（ノート六二枚目）調査二日目

2673ト同書　詩文ヲ集メタル書

李邕

孟顥然

郭元振
蘇乩
前大斗軍使将軍康太和書与吐蕃賛普
前北庭節度蓋嘉運判副使符言事
前河西隴右両節度使蓋嘉運判廿九年
　燕支賊下事
　　内ニ吐蕃賛普事ヲ記ス

背
　藥方

「湖南書写董康目録」
　敦煌莫高窟蔵書録　　巴黎圖書館藏本　十三枚目
二六七三　詩集　唐寫本
　前缺餘三行盖即翟庭玉進呈之文

「上海図書館収蔵董康目録」　上巻　一三葉
　2673　詩集　唐寫本

前缺餘三行盖即翟庭玉進呈之文此並目錄列後
缺上異凡者缺側　聖朝化被缺肯下九籥之雲投一面
之缺翟庭玉進上伏惟陛下聖缺下
龍門賦　河南縣蔚盧竫撰
王昭君　安雅詞
北邙篇
初度嶺過詔州靈鷲廣果二寺其寺院相接故同詩一
首
江上羈情

「董康目録」にはいずれも接合に関する示唆がないので、実見調査の中で接合を確認したと考えられよう。先に調査第一日目に二六七三の記録をとり、記憶のまだ冷めやらぬうちに翌日三八八五を調査時に接合状況を確認し記録したことになる。

前掲の《敦煌詩集殘卷輯考》では伯二六七三の解説に「此卷與伯三六一九、伯三八八五兩卷筆跡相同，爲一人所鈔」[17]とあり伯三六一九も含めて同一人物の手になるものだとある。伯三六一九はどの調査ノートにも記録がなくこの調査では湖南一行は未見であったようだ。

【其の五】 四〇九八-四〇九七

・4098（ノート三五枚目）

粘葉本

八大金剛圖　傅色

金剛経尾欵

・4097（ノート三五枚目）

粘葉本　金剛経

4098ト連接ス

「董康目録」にはいずれの資料も言及がなく、ほぼ同じ時に前後して実見したことにより接合の確認をしたと思われる。

現在Gallicaでは4098-4097-4789を接合し完全な形で公開している。

【其の六】 四〇一四-四〇七〇

・4014（ノート一三枚目）

佛畫　拙　彩色

・4070（ノート二四枚目）

佛畫

4014ト接続スベキモノ

四〇七〇については邰惠莉〈敦煌遺書中的白描畫簡介〉[18]に「爲地藏菩薩，兩旁有近侍女各一身，下方一男供養人胡跪，一女供養人站立，前有奔鹿二只。」と簡単な紹介があり、また、《敦煌遺書總目索引新編》[19]にも「被帽地藏菩薩圖（色繪）」80.4×33.8センチメートル。四〇一四は同書によると「五彩佛像，下繪施主像。」61.6×33.8センチメートルである。内容大きさともに接続の可能性が低いと思われるが、再整理ノート（38-4　六三頁）にも四〇一〇に「描画　佛　彩色」、四〇七〇に「四〇一四ノ続キ」と明確に記録してあり、接続すべきだという明らかな主張が見られる。確かに紙幅はピタリと合うので、可能性はゼロだとは言えないが、疑問が残る。

【其の七】四〇七三V‐二八一〇・二三八〇

・4073V（ノート二八枚目）

背　日記　字細似鼠心経

大暦六年至十五年

建中元年至四?年

興元元年二年

貞元二年

圖書館本 2810 2380ト連接スベキモノ

・2810（ノート八五枚目）

道経符印　及　説明

薄様黄麻

数十葉

＊上欄にbis[20]とある

・2810（ノート38-4　一二八頁）

道経符印　及　説明　黄麻ノ薄キモノ

十数葉アリ

＊二八一〇の下にbis と朱書き

・2380（ノート40-3　三頁）

表　大唐開元廿七年　二月一日

開元聖文神武皇帝上爲

宗廟下爲蒼生内出錢七千貫敬寫

道士　馮楚瓘　初校

道士　常乗雲　再校
道士　何思遠　三校
（下缺）

裏
價漸下　三年正月李希烈反七月收襄城縣十三日收汝州
三月廿日哥舒　却收汝州　李希烈　改年號　補宰相白司官
收汴州　又却到蔡州兵馬大強　至貞二年四月七日中毒被陳
仙期斬頭送至城　両市露布号令　至六月又斬陳仙期首
扶立吳少成秦（奏）來便号勑與吳少成蔡州刺史兼観察使
貞元三年甲子十月李頼奴反　貞元四年乙丑金　含元殿立
仗御丹鳳樓　豎金雞　放大赦天下

2810 4073 ト連接ス

湖南一行はフランス国民図書館での調査と並行してペリオ邸での調査を行ったが、先のスタイン将来の資料との接合例と同様、所蔵機関が異なる場合も総合的な目で資料の実見調査を行っていたことが知られる。この4073v–2810–2380の接合については、後に王重民《敦煌古籍敍錄》でまとめられ《唐代殘史書》と命名されることになるが、湖南はその三〇年余り前にすでに連接できることに気付き指摘していたことになる。[21]

【其の八】四〇六九ー二六七三

・2673（ノート八枚目）再掲

抄録

上――書　翟庭玉

龍門賦　河南縣蔚盧竔撰

王昭君　安雅詞

北邙篇

初度嶺過詔州靈鷲廣果二寺其

寺院相接故同詩一首

江上羈情

行草書　似我邦道風佐里等書

＊龍門賦の上に「5」あり

＊上欄に「董目」あり

・4069（ノート三一枚目）

2673ト接続スベキモノ

上述の通り【其の四】二六七三ー三八八五で「同書」とされるこの二資料が同一人物の手になることを確認した。

ここでは「接続スベキ」という表現から、湖南一行が、四〇六九と二六七三が接合されて一つの写本となることを想定していると考えられる。果たして接合可能かどうかを詳しく見てみよう。

先ず用紙の状態と大きさだが、Gallicaの公式データでは、四〇六九が28,5×13,5 cm　二六七三が28,3×182,9 cmである。高さがほぼ同じ、罫線も共通しており用紙の状態からは接合可能であるように思える。が、一行の文字数が、十三~十六字と十六~十八字でかなり差が生じる。また、四〇六九の切断部に見える文字の残影が二六七三の切断部と合わない。そして何よりも、内容が合わないのである。《敦煌遺書總目索引新編》には、伯二六七三は「殘詩集」伯四〇六九は「上疏殘文（八行）」とある。どうやらこの二件を接合するのは無理があるようである。また、ノートの記録も四〇六九は内容の記述が一切なく、空白の後に「2673ト接続スベキモノ」というメモが一行記載されているばかりで、[22]調査第一日目の終盤に時間に追われながら、とにかく記録をとった様子がありありと見て取れるのである。また、内容は異なるものの、確かに筆運びは類似しており同一人物の手になる可能性があろうかと思われる。たとえば、いくつか特徴的な字をとりあげて比較してみると次のようである。「人」「君」「天」「聞」「色」「有」字を例に挙げて比べてみよう。

P.2673　P.4069

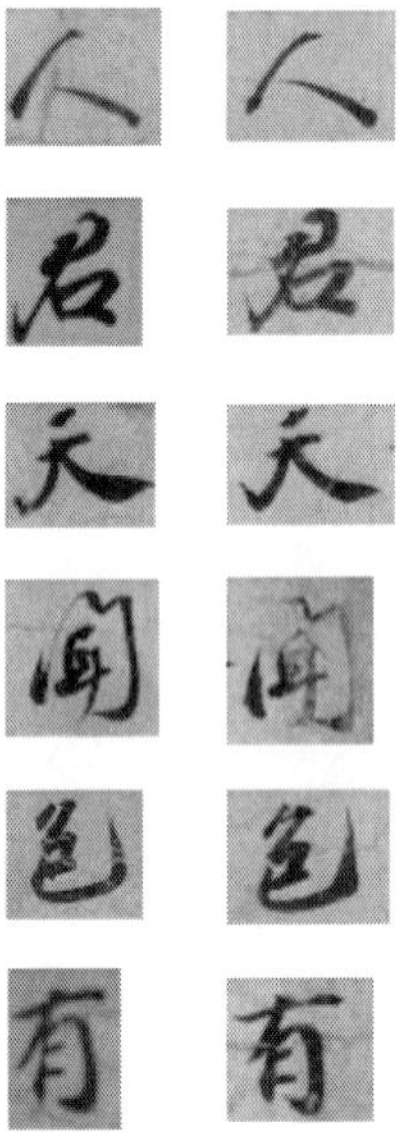

同一人の手になるかどうかは、内容も含めてさらに詳しい検討が必要になろう。いずれにせよ、文書がどのような形で保管され提示されたのか、また、紙の大きさ、質、墨色など、実際に原資料にあたって初めて得られる情報から得た結論は決して疎かにできないこともあり、この接合は再検討する必要があろう。

【其の九】三七四二-三七六六

・3766（ノート六六枚目）

白麻　民　世　缺筆　425 cm

佛道先後篇第三

釋李師資篇第四　儒生問曰大唐

運興蓋太上老君周師李＝之聖

胤也 ――――

・3742（ノート七五枚目）

世　民　缺筆　264

3766ト連接スベキモノ

釋異道流第八

服法非老子第九

明典真偽第十　両経實談爲真 三洞誕謬爲偽

３７６６は唐沙門釋法琳撰「辯正論」第一[23]を、３７４２は釋道安「二教論」[24]を書写したものであり、まず内容が異なる。筆運びも異なり、書き手も異なっている。３７６６には紙背文書があり願文と同定されている。一方３７４２には紙背文書がない。以上の状況からこの二点の結合の可能性は極めて低いといえよう。用紙の高さが28.5 cmと28.0 cmでほぼ同じ、「民」「世」字の缺筆に共通点が見られるとはいっても、この二点を接合することはできないであろう。少し結論を急いた感がある。

以上、其の一から其の九まで資料接合に焦点を当てて、湖南のペリオ邸での実見調査の実態を見てきたが、白描や版画の文字資料以外の分野と佛典に対して多少の弱さを見せるものの、その他の文献については非常に的確かつ正確な判断を下している。この短時間にこれだけの量を記録し要を得ているのは、漢学のとびぬけて高い水準を有する湖南一行にして初めてなしえた技というより他あるまい。

最後に、湖南自身による英仏敦煌文献調査の報告[25]を紹介する。

予の観た敦煌古書は、英佛を通じて凡そ八百部に上ってゐる。その中には、勿論羅振玉氏が既に印行したものもあり、また、自分より前に英佛に出かけた人々の既に閲覧したものもある筈。**董康氏の閲覧目録は全部分明してゐる**が、狩野、羽田兩博士の閲覧せられた書目は、更に調査して予の閲覧した書目との異同を調べるつもりである。しかし、これだけの人々が閲覧した數が随分多數に上ってゐるとはいへ、未だ此等の人々が閲覧を經ざる書籍の更に多數であることを知って置く必要がある。**英國の方は、目録は未だ完成せず**、何れだけ未だ閲覧せざる書籍が殘存してゐるか、確知し難いが、佛蘭西の方は、大體推算し得られる。現にビ―

ブリオテーク・ナショナルにある敦煌書目は、二、〇〇一から三、五一一まで、及び四、五〇〇から四、五二一までの凡そ一、五三三部であるが、その中、予が閲覧したものは三百餘部に過ぎない。ペリオ教授が整理中の分は多分三、五一二から四、四九九までと推測するが、その中予の閲覧したものは矢張り三百餘部に止まる。その他に佛蘭西に猶ほいかほどあるかは分明せないが、分明してゐるものだけでも、一、八〇〇餘部の未見の書があるわけである。勿論ビブリオテーク・ナショナルの分はペリオ氏が調製した詳細なる目録解題あるがために、その中つとめて價値ある資料たるべきものを選んで觀たけれども、しかし自分が既に觀たもの丶中でも、目録では格別價値ある如く思はなかったもの丶中にも時々興味あるものを發見したのであるから、多數の中には案外興味あるものが尠からずあらうと想像される。殊にペリオ氏の整理中のものは、目録が未だ出來ず、ペリオ氏は番號の附いてゐる分の殆んど全部を示されたが、その他に猶ほ多數のものがあるだらうと思はれ、殊に、その中には如何なる種類のものが看殘されてゐるかも知れない。故に英佛の敦煌古書はまだ〳〵未知數の寶庫であると云ふべきである。たゞ從來の閲覧者が其一覽を許された所のものは、董康氏が兎も角作った目録の外、他に一つも發表された目録がない。董康氏のも勿論印刷はせられず、それがために後に閲覧せんと欲する者は、幾度も同じものに手を附けなければならないので、予は予等一行の目睹したところの目録を編纂し、これに羅振玉氏が既に印刷し、若くは寫眞を撮り、狩野、羽田兩博士、董康氏等の目録を請ひ得て予の目録と參照し、それを發表し、今後該古書の閲覧を欲する人のために手引とする豫定で、目下編纂中である。

（一二六～七頁、太字傍線は筆者による）

この調査旅行に同行した石濱純太郎の講演記録の一部を本稿冒頭で紹介した。再度引用して傍証とすると、次の

とおりである。

このペリオ編纂の目録を見ますと二〇〇一番から二五一一及び四五〇〇-四五二一番丈の目録で最初の二千巻と中の一千巻が出來てゐません。中の一千巻中に屬するものが何かの都合上ペリオ氏の私宅に置いてありましたが、幸にして内藤先生はそのペリオ宅の分を全部一見されましたから、内藤目録が出來ると其間の部分がよく分ります。

当時湖南自身も目録を編纂中であると公言し、石濱純太郎の講演での発言もそれを裏付けている。にもかかわらず、結局湖南の調査記録及び目録はその後編纂されることはなかった。なぜ湖南の目録は出版されなかったのであろうか。本稿では、資料の接合という極狭い枠の中で当時の調査の実際を再現しようと試みた。その結果、非常に有益な調査結果を得ており、目録が世に出ていれば大いに益したであろうと推し量られる。甚だ残念無念の思いを強くするのではあるが、その一方で、ごく短い時間の中で簡単なメモのみ記録している場合は再度調査に出向く必要もあったであろうと推察される。相俟って、調査過程で撮影した写真の存在が気にかかる。フランスではロンドンでの調査と打って変わり希望したものはすべて写真撮影を許可されたという。ならば、録文の時間がなくとも写真を持ち帰ればゆっくりと稿を起こすことも可能だったはずである。現在内藤文庫所蔵の関連資料写真について継続調査中である。まだまだ、謎の多い欧州での調査であるが、いずれその全貌を明らかにできればこれに勝る悦びはない。

注

（1）高田時雄「敦煌寫本を求めて━日本人學者のヨーロッパ訪書旅行」（『佛教藝術』、二七一號、二〇〇三年十一月）「内藤湖南の敦煌学」（『東アジア文化交渉研究』別冊3、關西大學文化交渉學教育研究據點、二〇〇八年十二月）

（2）関西大学出版部　二〇一七年三月

（3）『内藤湖南全集』第六巻四七四頁~五〇六頁に拠る

（4）ノートの記録中 recto verso を一点とし、重複分2026, 4021および2046 3507?, 2523?, 3509?, 3693-3696, 3701-3704, 3798 3799, 4000(4006）の不明によりカウント不可の部分を除いた数である。

（5）『目睹書譚』『内藤湖南全集』第十二巻二二一頁~二三三頁

（6）別の調査ノート38-4の一四二~一五一頁には「ペリオ宅にて見たる敦煌物の目録」として整理番号順に整理したリストとノート掲載の頁が記されているが、総計三六四点であり、さらに十点ほど多くなっている。その内容は次のとおりである。

2014, 2015, 2022, 2023, 2024, 2025, 2026, 2046, 2124, 2139, 2178, 2285, 2378, 2464, 2485, 2493, 2494, 2495, 2503, 2523?, 2524, 2543, 2552, 2555, 2567, 2586, 2590, 2640, 2673, 2762, 2810, 2837, 2857, 2870, 2922, 3126, 3419, 3509, 5542（以上三九点）3513, 3520, 3532, 3533, 3534, 3535, 3536, 3537, 3538, 3539, 3540, 3541, 3542, 3543, 3544, 3545, 3546, 3547, 3548, 3549, 3550, 3551, 3552, 3553, 3554, 3555, 3556, 3557, 3571, 3574, 3577, 3583, 3597, 3602, 3608, 3609, 3610, 3623, 3624, 3625, 3635, 3640, 3661, 3662, 3671, 3675, 3676, 3677, 3685, 3693, 3694, 3695, 3696, 3701, 3703, 3704, 3705, 3710, 3711, 3712, 3713, 3714, 3716, 3717, 3718, 3719, 3720, 3721, 3722, 3723, 3724, 3725, 3726, 3727, 3728, 3732, 3734, 3736, 3738, 3740, 3741, 3742, 3744, 3746, 3747, 3748, 3750, 3752, 3753, 3754, 3755, 3756, 3757, 3758, 3759, 3760, 3761, 3762, 3763, 3764, 3766, 3767, 3768, 3771, 3772, 3774, 3776, 3777, 3778, 3781, 3782, 3783, 3785, 3786, 3787, 3789, 3790, 3791, 3792, 3793, 3794, 3795, 3796, 3797, 3798, 3799, 3800, 3801, 3802, 3803, 3804, 3805, 3807, 3808, 3809, 3811, 3812, 3813, 3814, 3815, 3816, 3817, 3818, 3819, 3820, 3821, 3822, 3823, 3824, 3825, 3826, 3827, 3828, 3829, 3830, 3831, 3832, 3833, 3834, 3835, 3836, 3838, 3839, 3840, 3841, 3842, 3843, 3844, 3845, 3846, 3847, 3848, 3849, 3850, 3851, 3852, 3853, 3854, 3855, 3856, 3858, 3859, 3860, 3861, 3863, 3872, 3877, 3880, 3884, 3885, 3886, 3890,

3891, 3892, 3893, 3894, 3895, 3896, 3897, 3898, 3899, 3900, 3901, 3902, 3903, 3904, 3905, 3906, 3907, 3908, 3909, 3910, 3911, 3912, 3913, 3914, 3915, 3916, 3917, 3918, 3919, 3920, 3921, 3922, 3923, 3924, 3925, 4000, 4001, 4002, 4003, 4004, 4005, 4006, 4007, 4008, 4009, 4010, 4011, 4012, 4013, 4014, 4015, 4016, 4017, 4018, 4019, 4021, 4022, 4023, 4024, 4025, 4026, 4027, 4028, 4029, 4030, 4031, 4032, 4033, 4034, 4035, 4036, 4037, 4038, 4039, 4040, 4041, 4042, 4043, 4044, 4045, 4046, 4047, 4048, 4049, 4050, 4051, 4052, 4053, 4055, 4056, 4057, 4058, 4059, 4060, 4061, 4062, 4063, 4064, 4065, 4066, 4067, 4068, 4069, 4070, 4071, 4072, 4073, 4074, 4075, 4076, 4077, 4078, 4079, 4080, 4081, 4082, 4083, 4084, 4085, 4086, 4087, 4088, 4089, 4090, 4091, 4092, 4093, 4094, 4095, 4096, 4097, 4098, 4099（以上三三五点）

本稿で精査する調査ノート30との異同の詳細は別稿で取り上げるのでここでは詳しく述べない。

（7）石濱純太郎著『敦煌石室の遺書（懐徳堂夏期講演）』（大正十四年十二月十八日　植田政藏　印刷）五六頁

（8）http://gallica.bnf.fr/　フランス国立図書館（Bibliothèque nationale de France）の公式サイト。ペリオ将来の敦煌文献オリジナルについて所蔵資料のすべてのカラー写真を公開している。

（9）International Dunhuang Project（國際敦煌項目）　国際協力のもと敦煌及びシルクロード東部から出土した写本、絵画、図像などのデータをweb上で公開、倫敦大英図書館内に本部を置き、IDP China IDP Russia IDP Japan IDP German IDP France IDP Koreaの各パートナーが各国言語でwebサイトを展開している。

（10）2500番台は前述のとおりすでにペリオが早期に整理し目録がある。本来ならば図書館にあるべきところかと思われるが、湖南一行はどうやらペリオ宅で実見したようである。何らかの理由で一時自宅へ持ち帰っていたものだろうか。

（11）IDPでは検索結果として一応資料は出てくるのであるが、軸装の体裁でpelliot chinois 2553の写真が提供されている。

（12）調査ノート30の三枚目2378の上欄に「以下董氏已照」九枚目2586の上欄に「以上董氏已照」とあり、この間の資料はすべて董康目録を参照している。

（13）徐俊纂輯、中華書局、二〇〇〇年、四一頁

（14）《敦煌研究》二〇〇五年第2期（總第90期）所収

（15）原文は簡体字表記であるが、ここでは繁体字表記に改めて引用する。

（16）この書き込みについては、高田時雄「内藤湖南の敦煌遺書調査及び関連資料――前書きに代えて」（『内藤湖南敦煌遺

書調査記録』関西大学東西学術研究所資料集刊34　関西大学出版部　二〇一五年一月）の中で「實際にロンドンでこの寫本を見たときに書き加えたものであろう。」（十四頁）という見解が既に示されている。

（17）一二〇頁

（18）《社科縱橫》一九九四年第4期所收

（19）敦煌研究院編　二〇〇〇年　中華書局　三一一頁

（20）bisについては、本来「附録」の意味合いで用いられるのだが、ここは「董康目録」を参照する場合にノート上欄に「董目」と書くのと同様、ペリオの目録にあるという意味での略号として使用されていると思われる。石濱純太郎の講演における次の話が参考となる。「目錄は敦煌のものは第63號附錄（63bis）としてCollection de Pelliot, Mss. de Touen-houang. と題して別になって早くから出來てゐます。」（五五頁）

（21）後図十三〜十六に見るように確かに接合するのであるが、ペリオ邸での二八一〇の記録が実際の状況と合致しない。これは誤って三八一〇の記録ととったことに起因している。詳細は前掲書『内藤湖南　敦煌遺書調査記録続編——英佛調査ノート』所収の拙稿「ノートからみる内藤湖南敦煌遺書英佛調査の実態」「三、P2810重複に関する問題点」を参照されたし。

（22）再整理ノート30-4の記述もほぼ同様であり、「二六七三ノ続」と記されているだけである。

（23）大正蔵第五二冊、No.2110

（24）大正蔵第五二冊、No.2103『廣弘明集』巻第八所収

（25）「歐洲にて見たる東洋學資料」『目睹書譚』（『内藤湖南全集』第十二巻　二二二頁〜二三三頁）より抜粋

図版

斯五七七　《英藏敦煌文献》第二巻　四川人民出版社　一九九〇年

その他　http://gallica.bnf.fr/

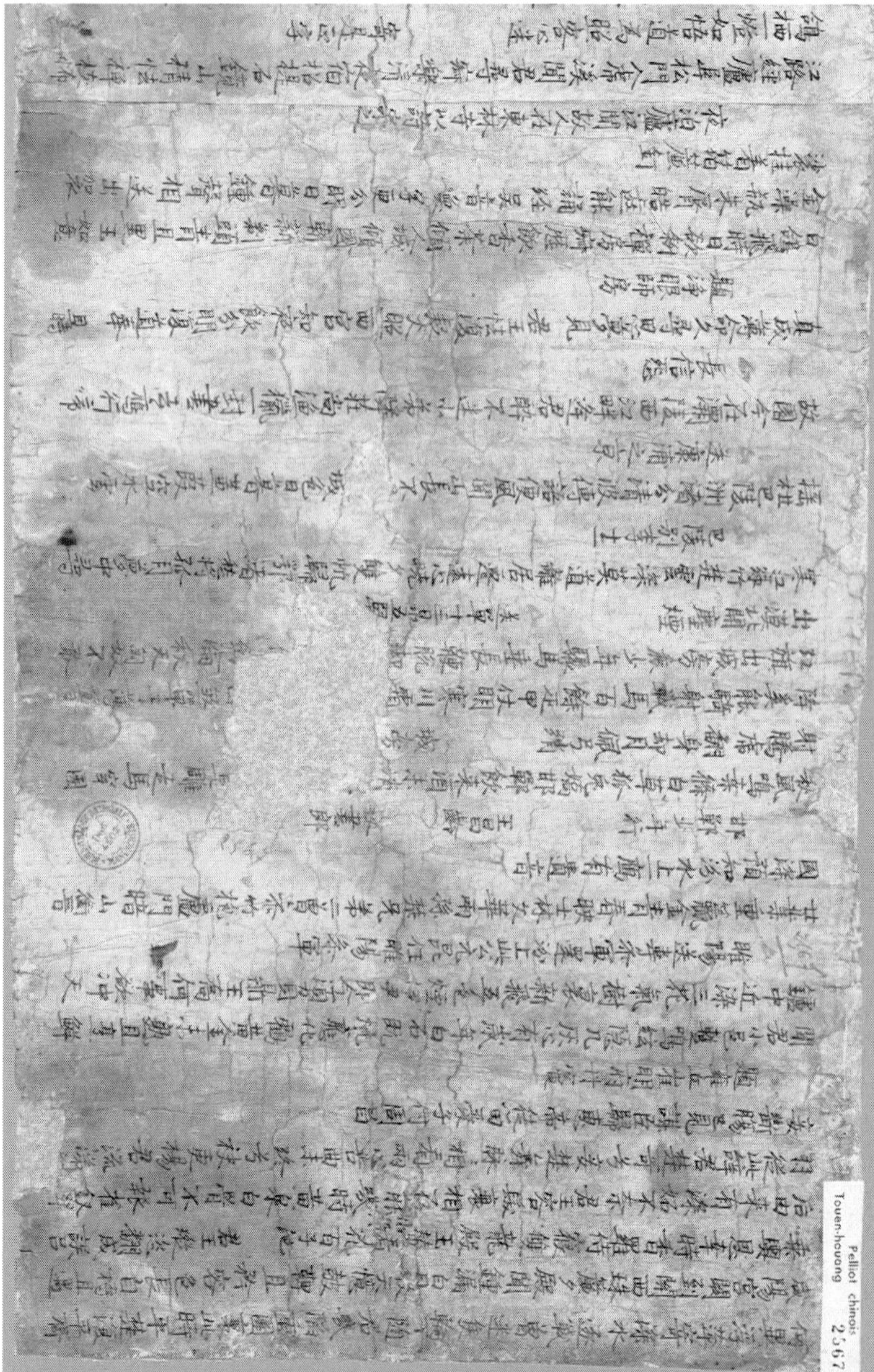

【図二】伯二五六七（十二五五二）

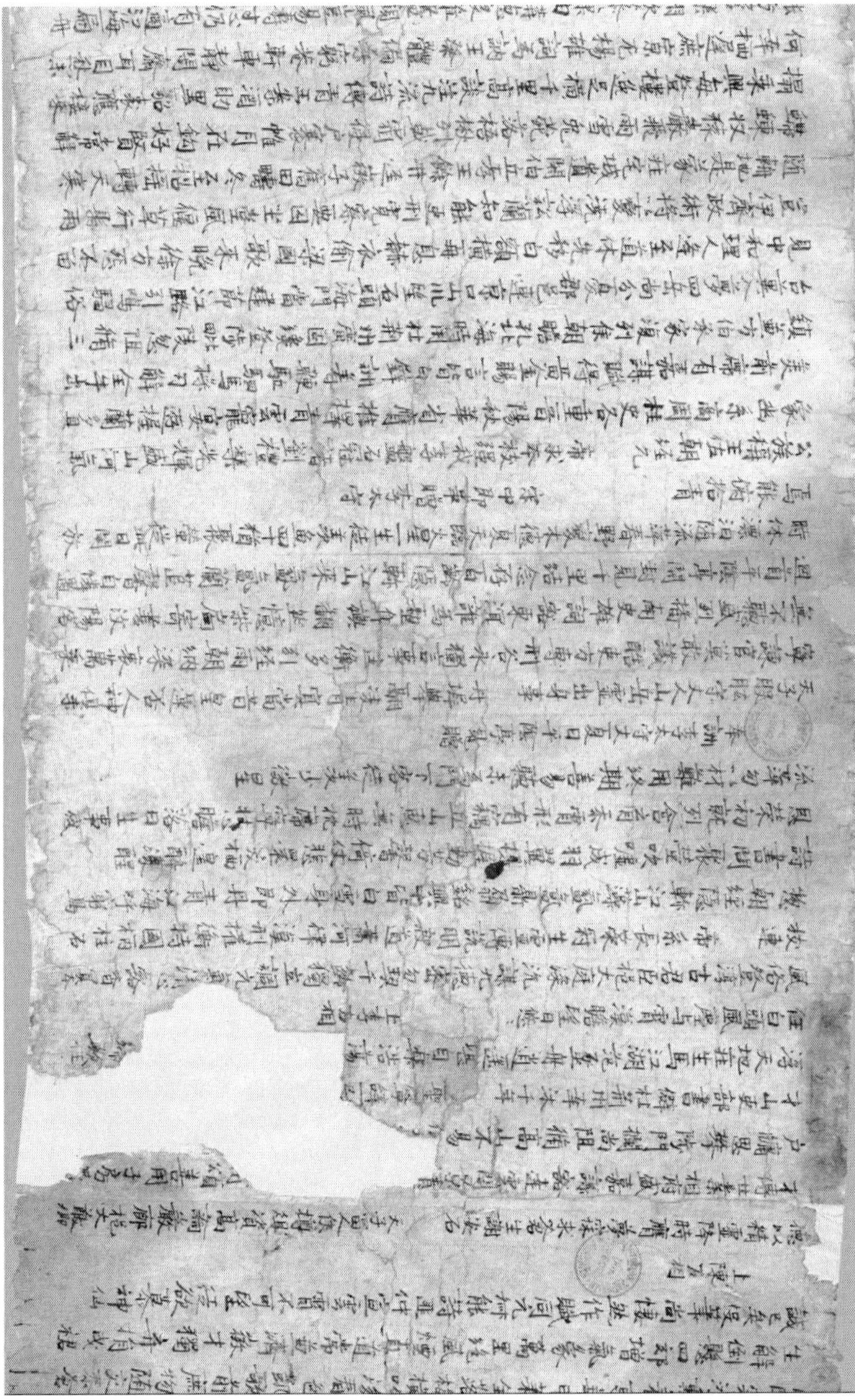

【参考】伯二五六七+二五五二　接合部

【参考】伯二五五五

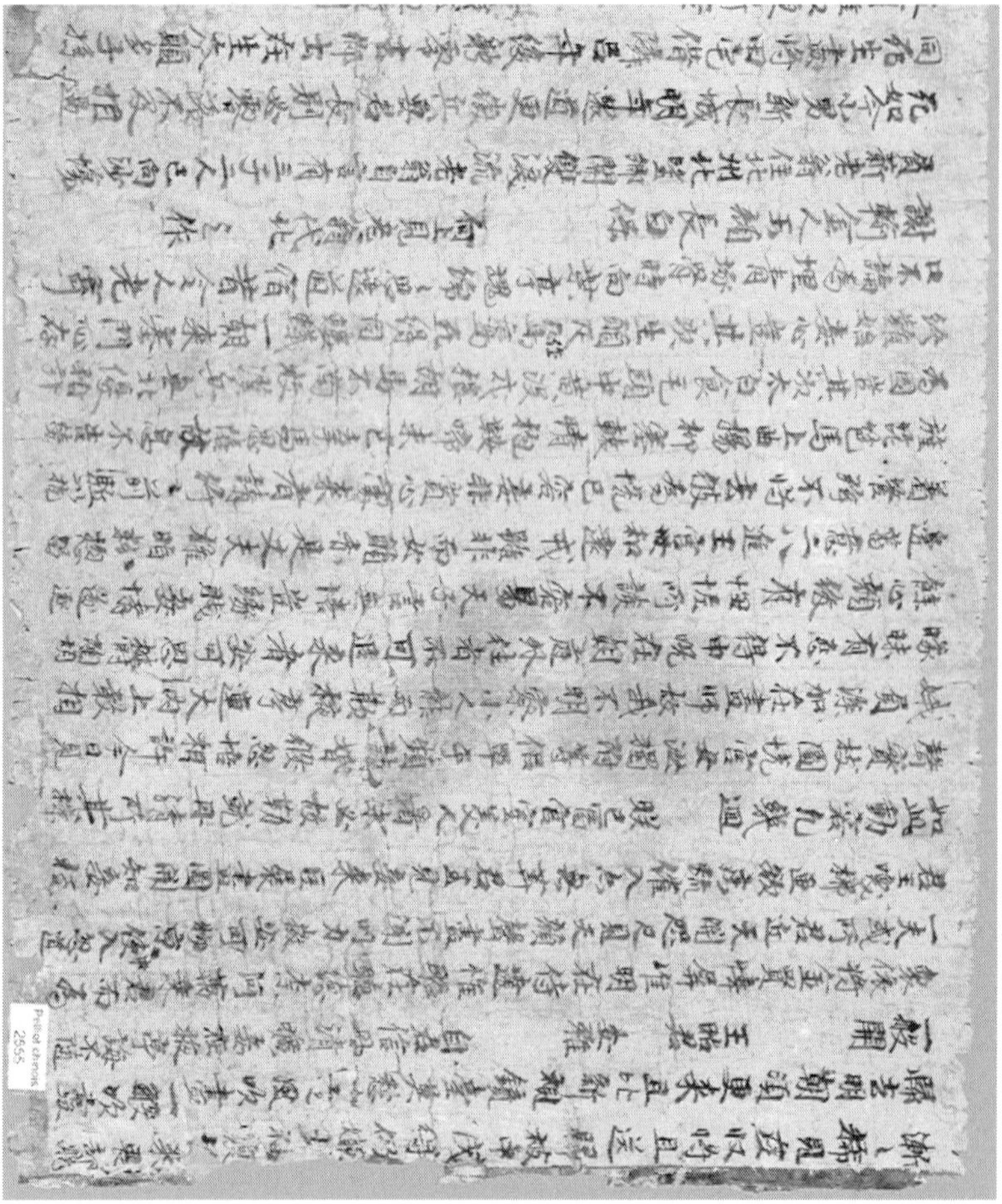

【図二】伯四〇一三

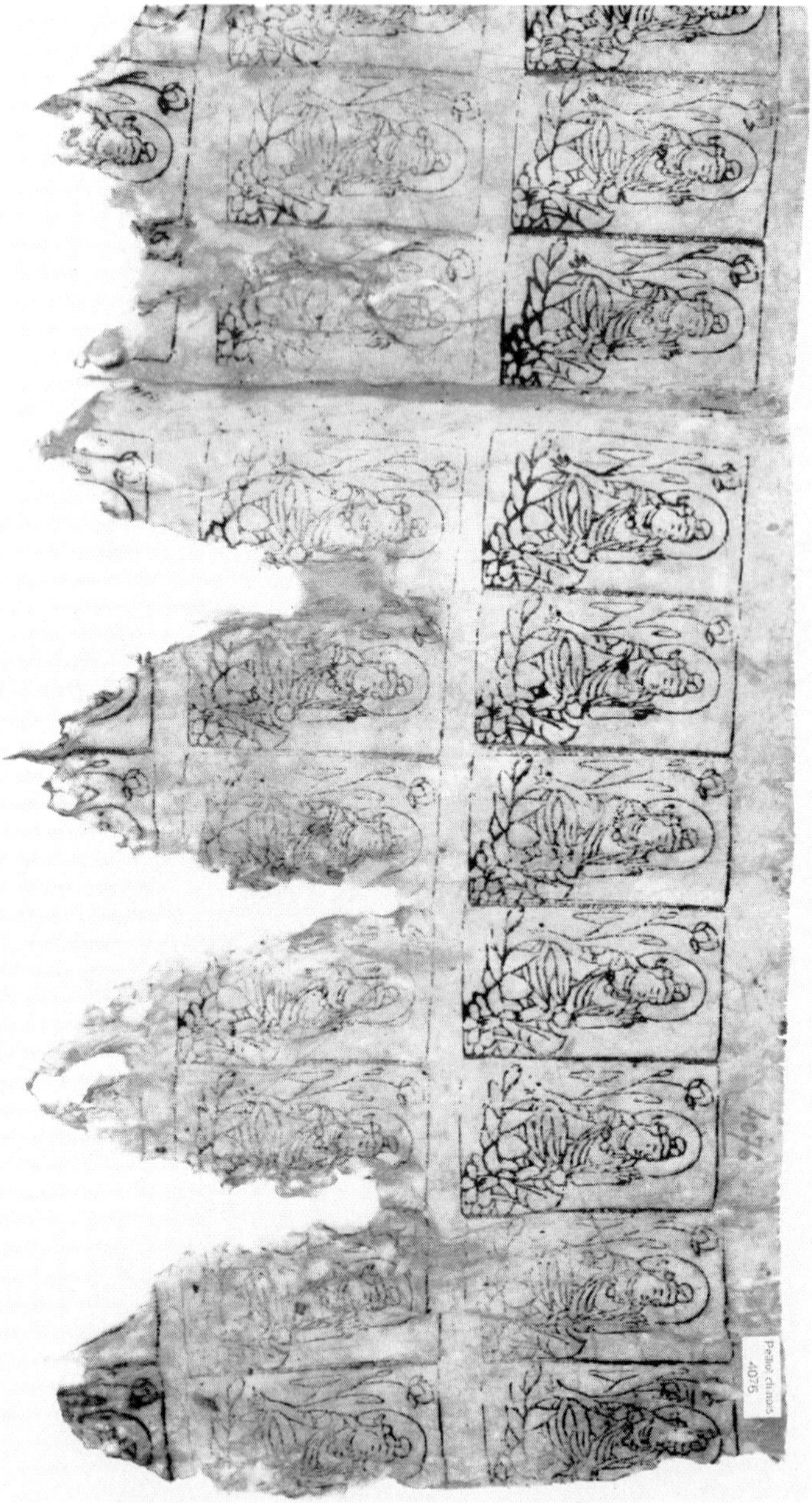

【図三】伯四〇七六

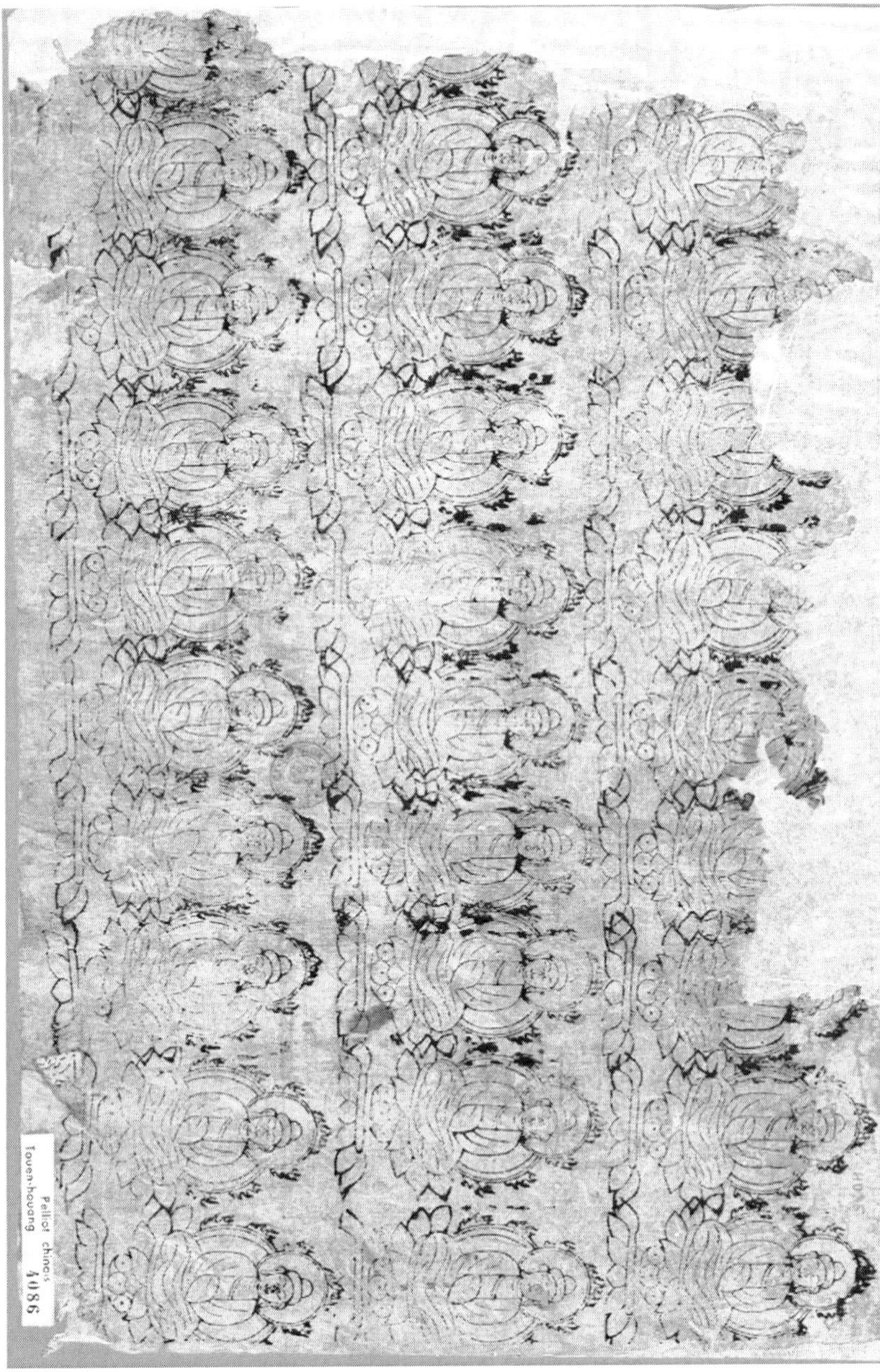

【図四】伯四〇八六

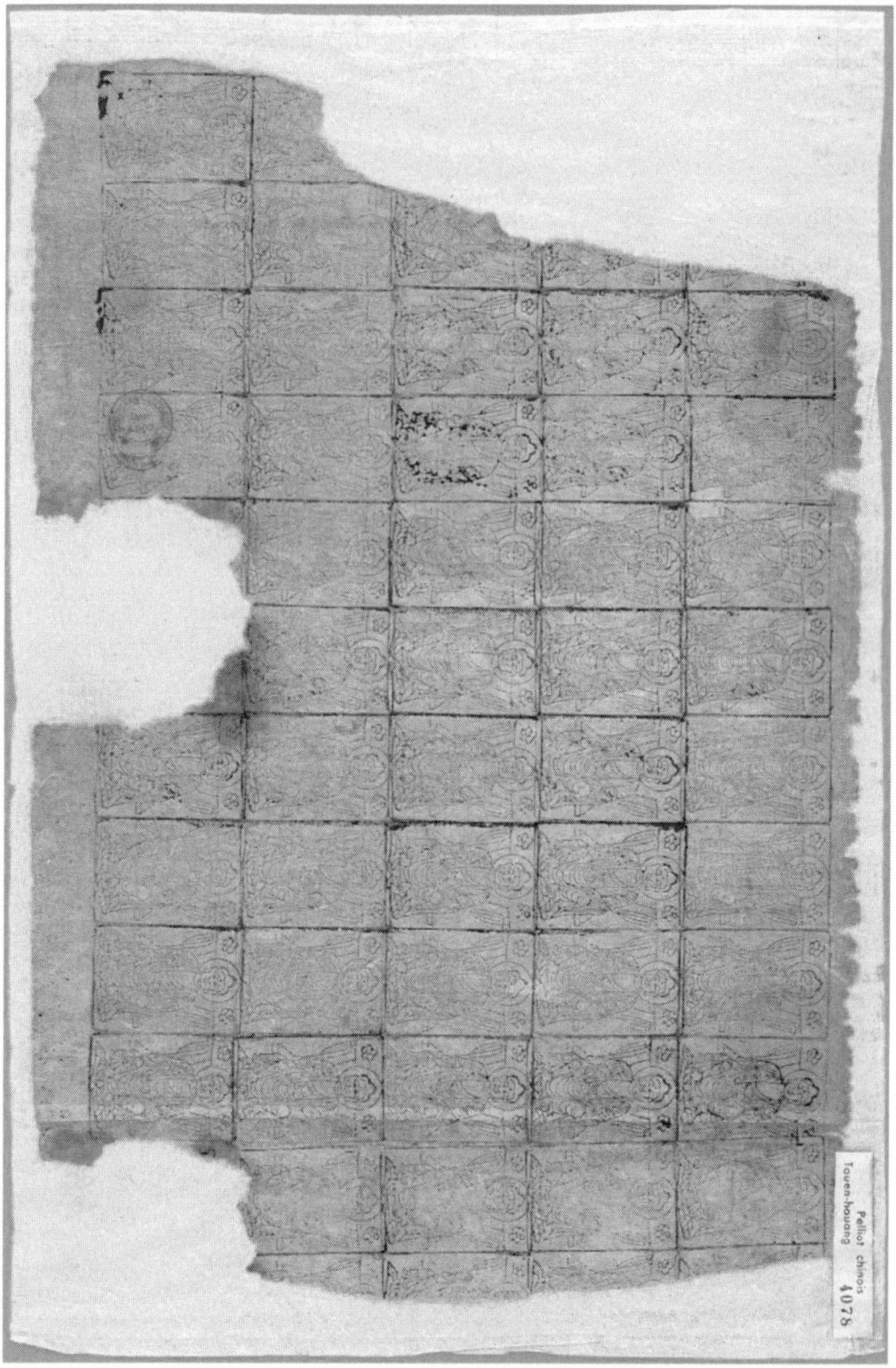

【図五】伯四〇七八

（86）

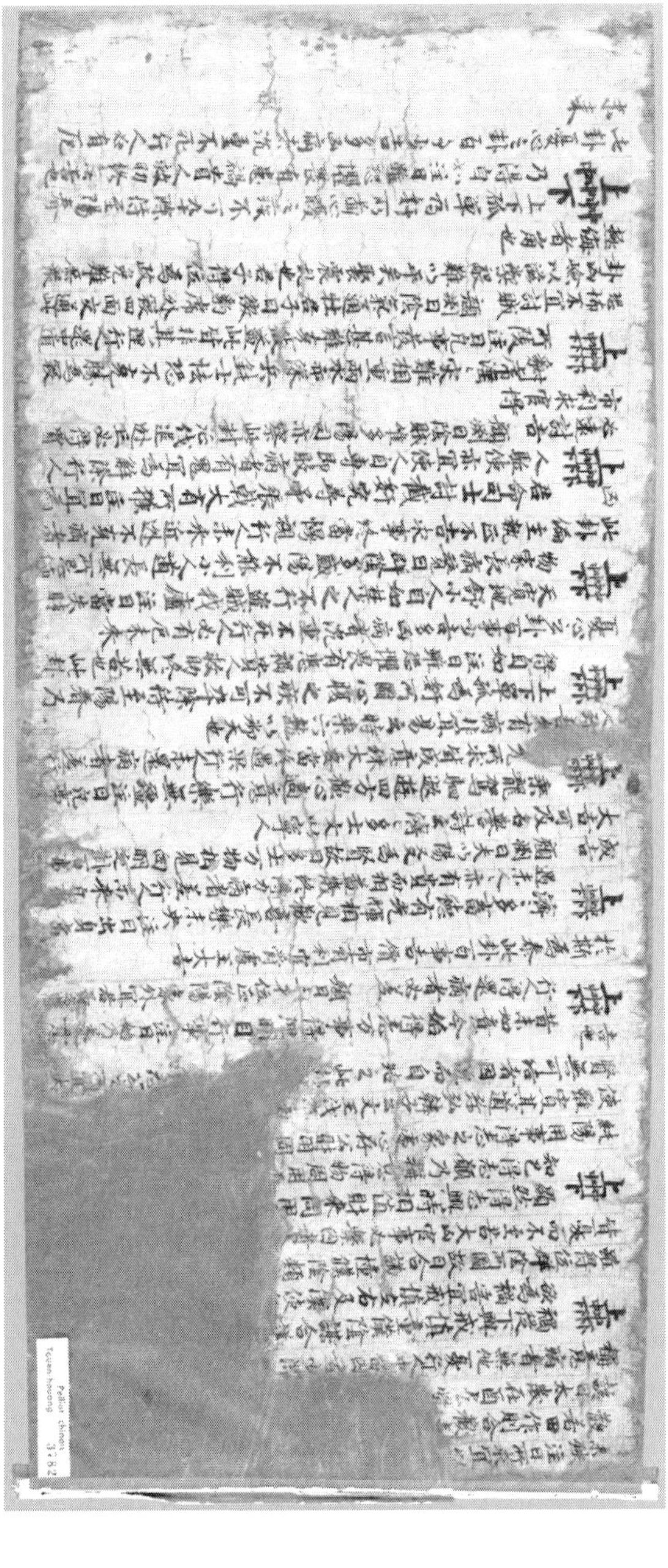

【図六】伯三七八二

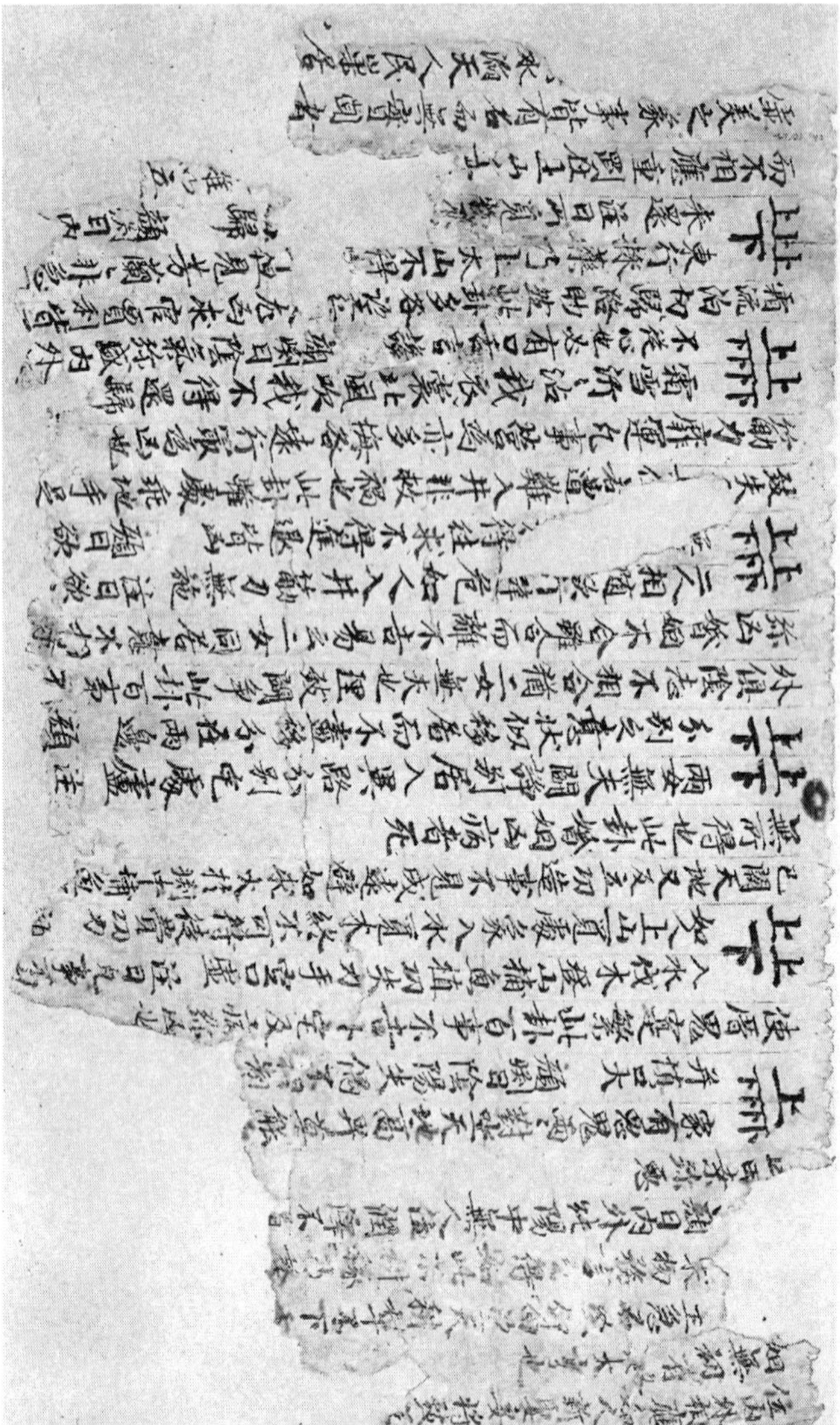

【図七】斯五七七

【図八】伯二六七三

【図九】伯三八八五

【図十】伯四〇九八＋四〇九七

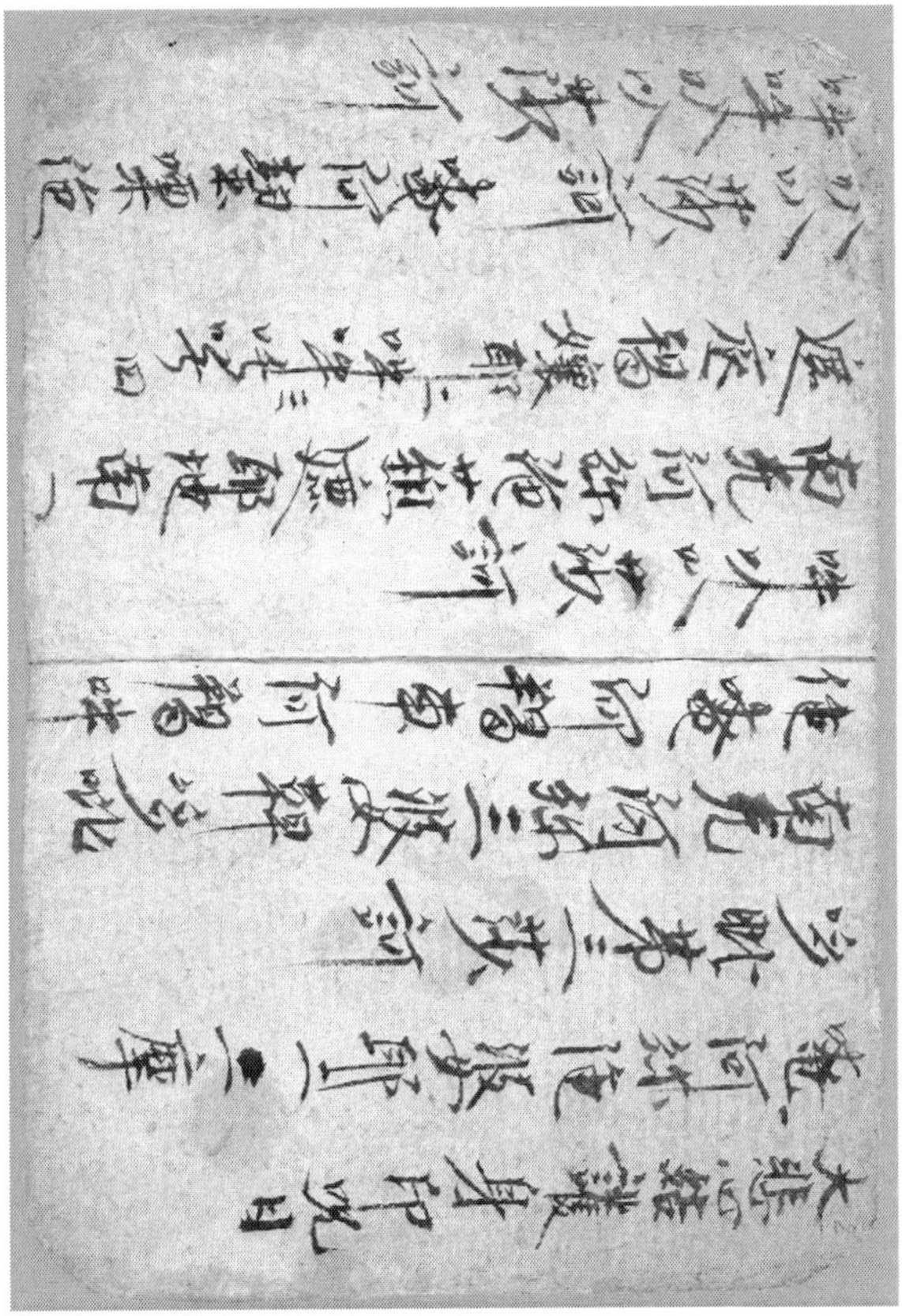

【参考】伯四〇九八＋四〇九七 接合部

【参考】伯四七八九

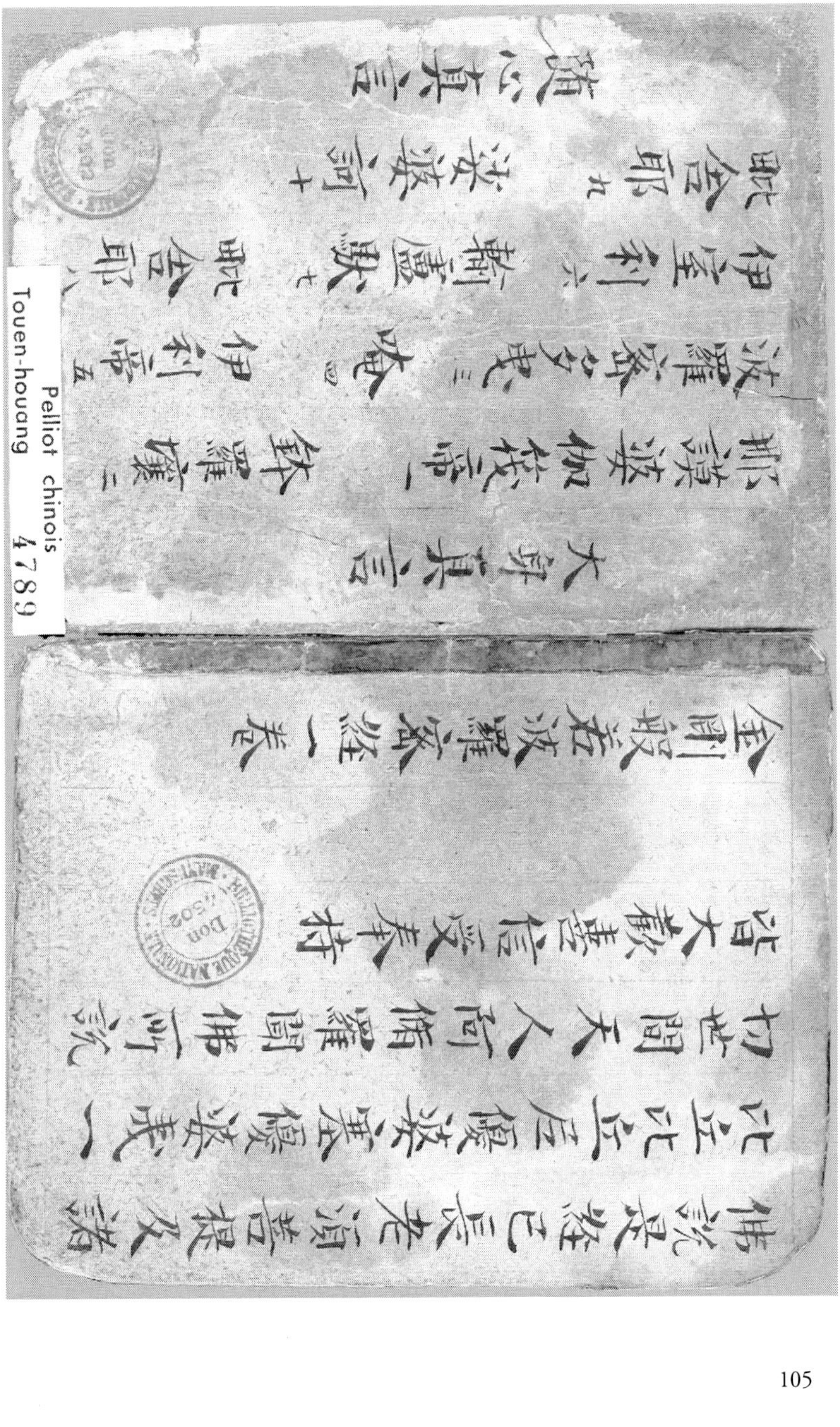
佛說是經已長老須菩提及諸
比丘比丘尼優婆塞優婆夷一
切世間天人阿脩羅聞佛所說
皆大歡喜信受奉持
金剛般若波羅蜜經一卷
大身真言
那謨婆伽伐帝一 鉢囉壤二
波羅弭多曳三 唵四 伊利底五
伊室利六 輸盧馱七 毗舍耶八
毗舍耶九 娑婆訶十
隨心真言

【図十二】伯四〇一四

【図十二】伯四〇七〇

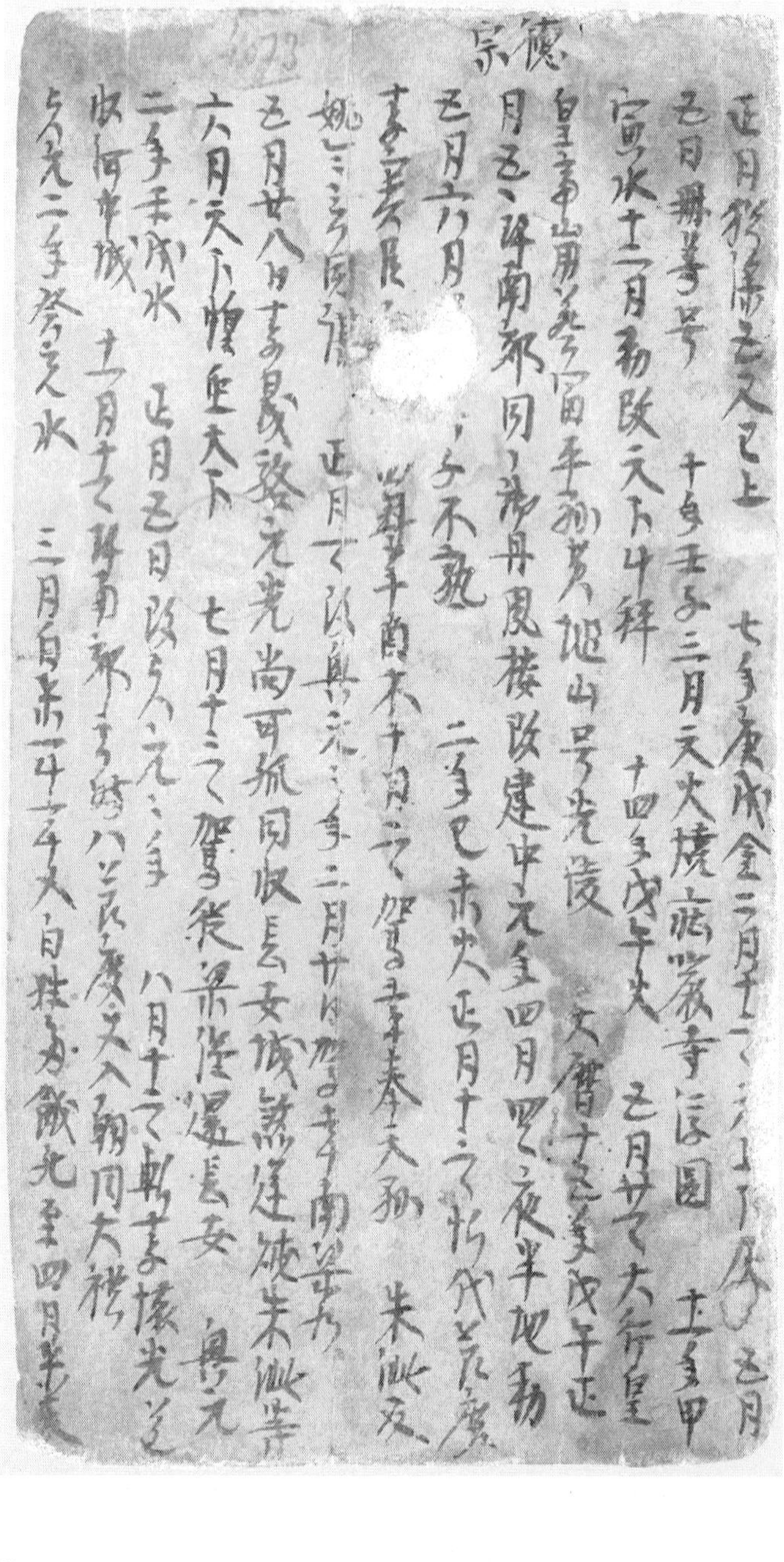

【図十三】四〇七三v

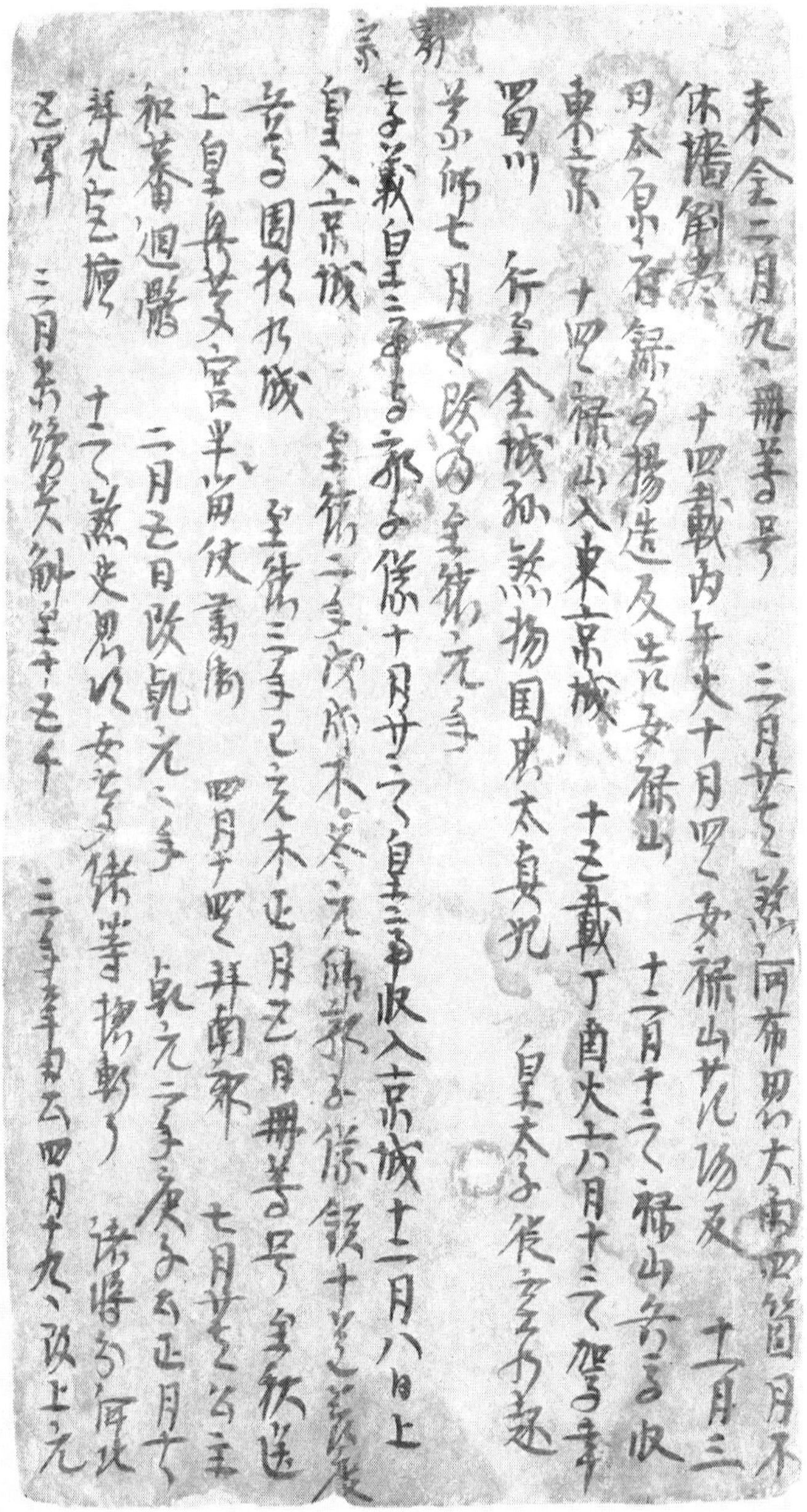

【図十四】伯二八一〇−一

【図十五】伯二八一〇－二

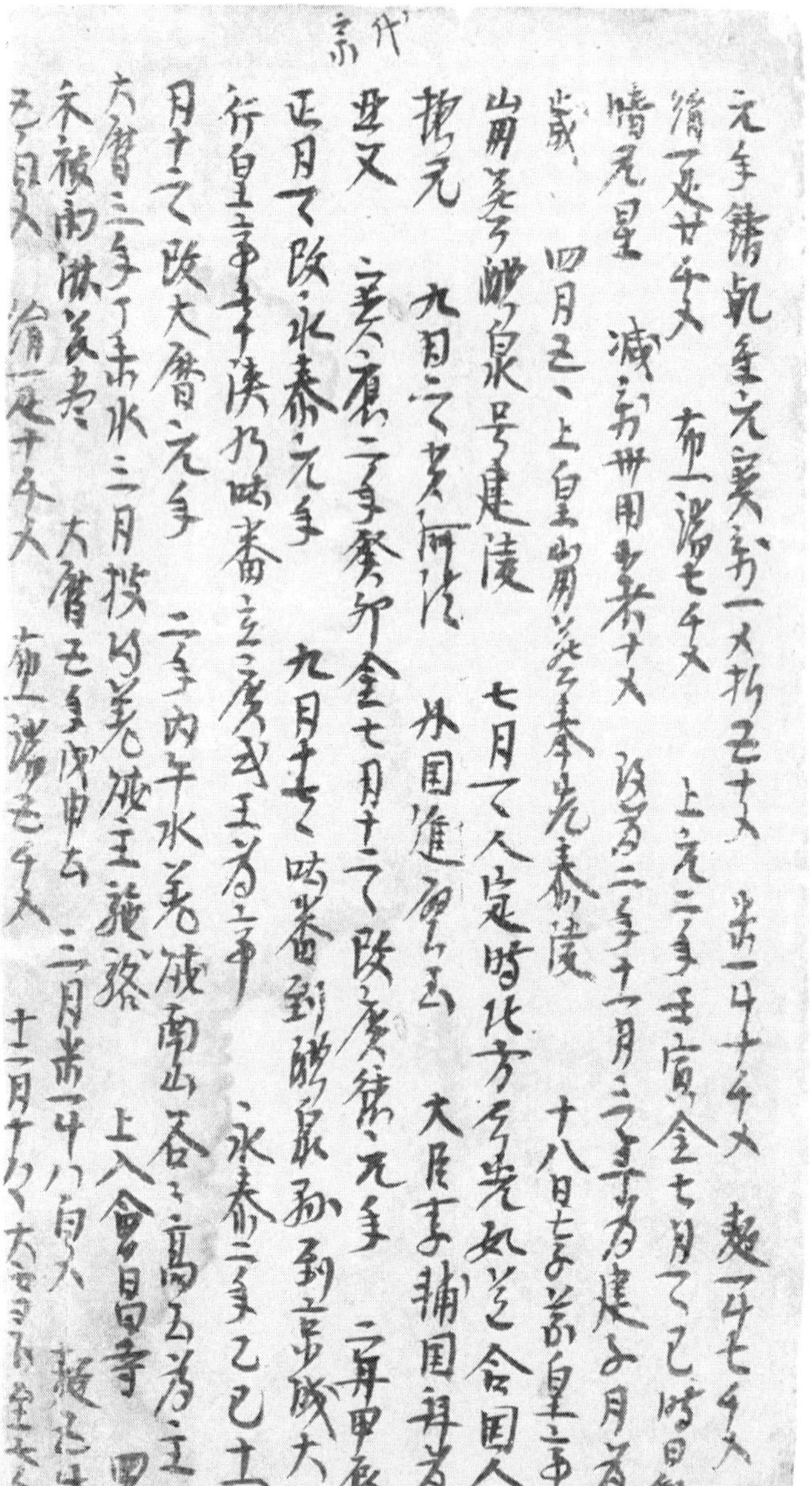

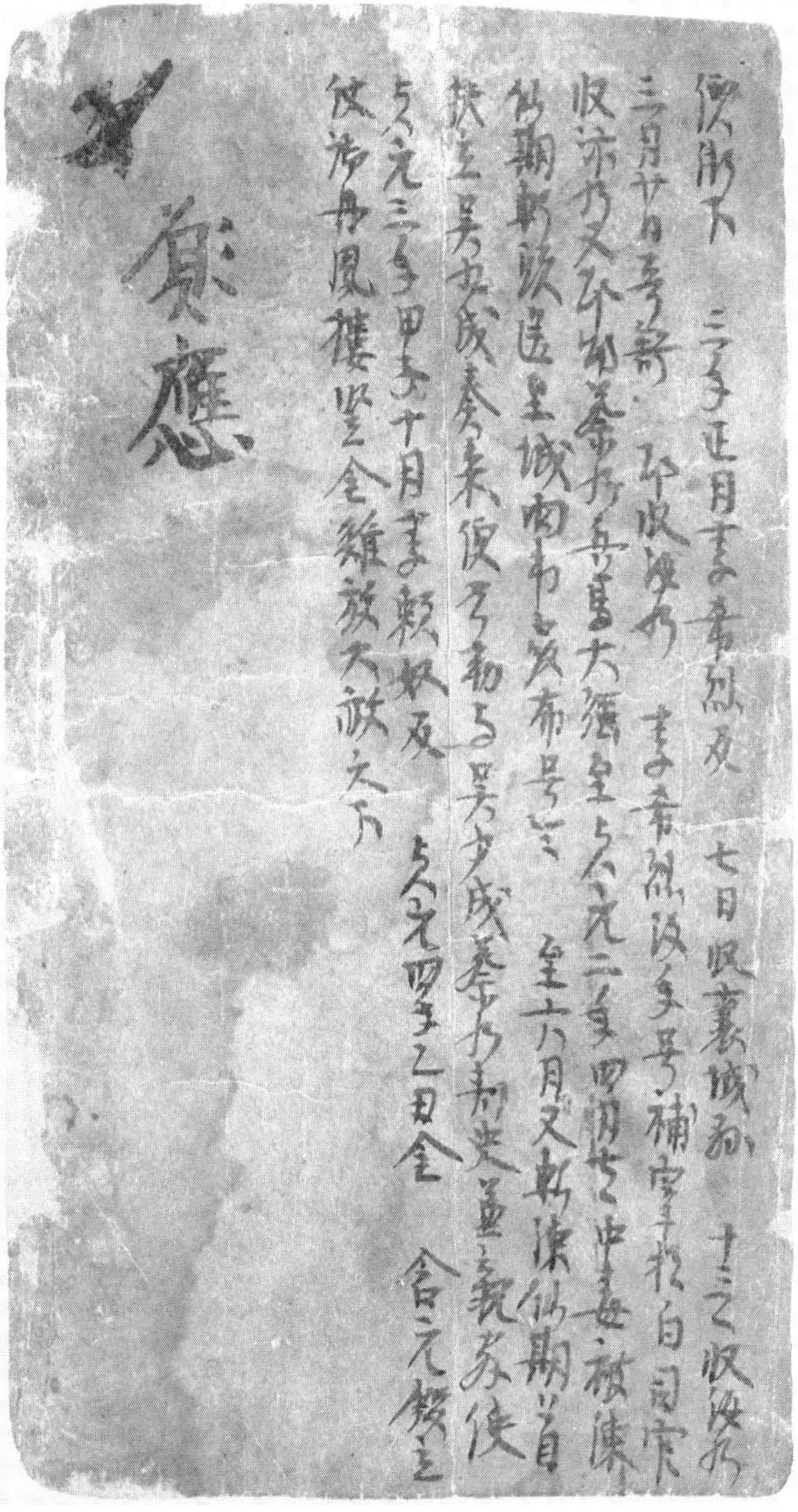

【図十六】 伯二三八〇v

【参考】伯三八一〇

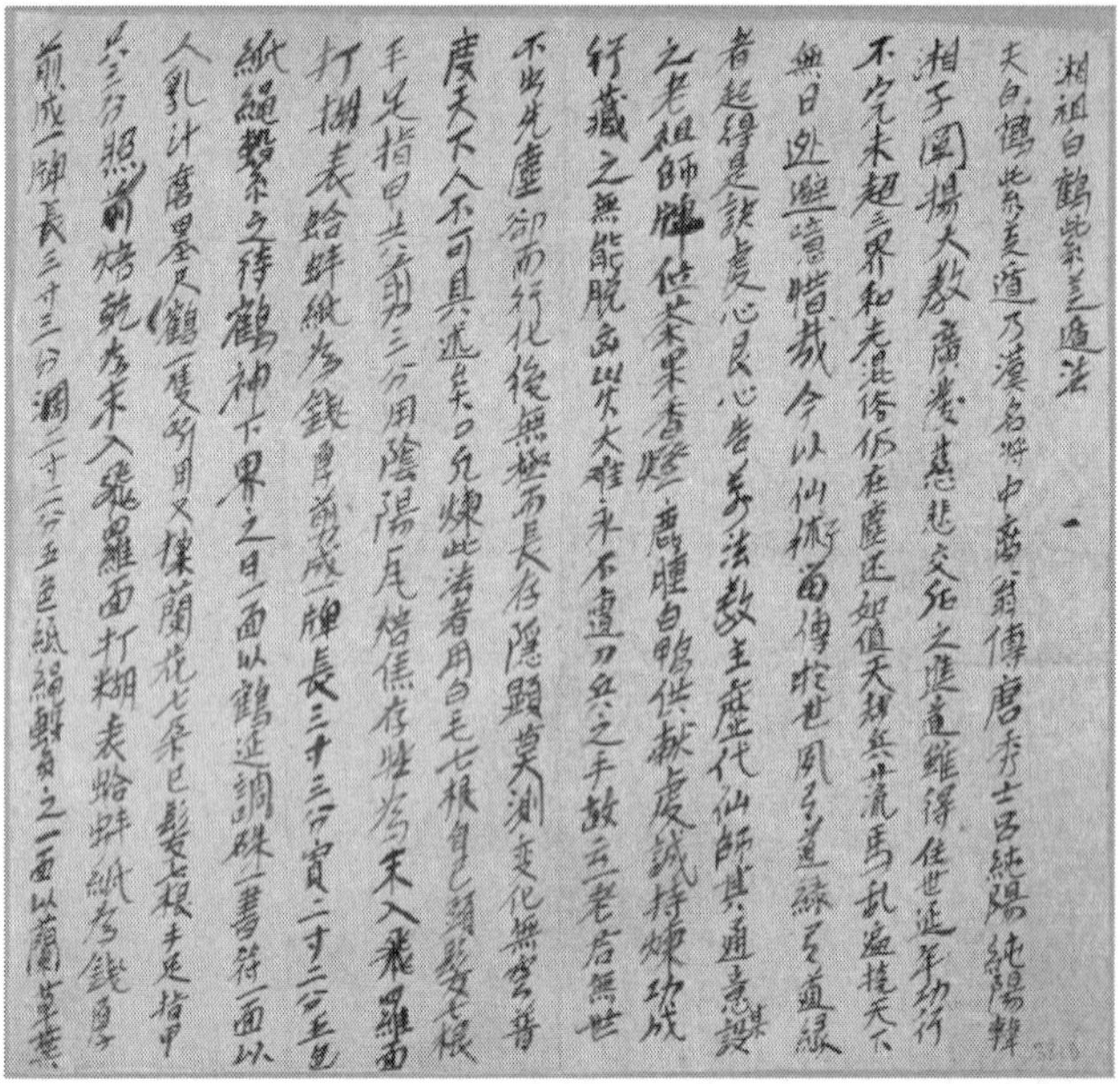

一枚目

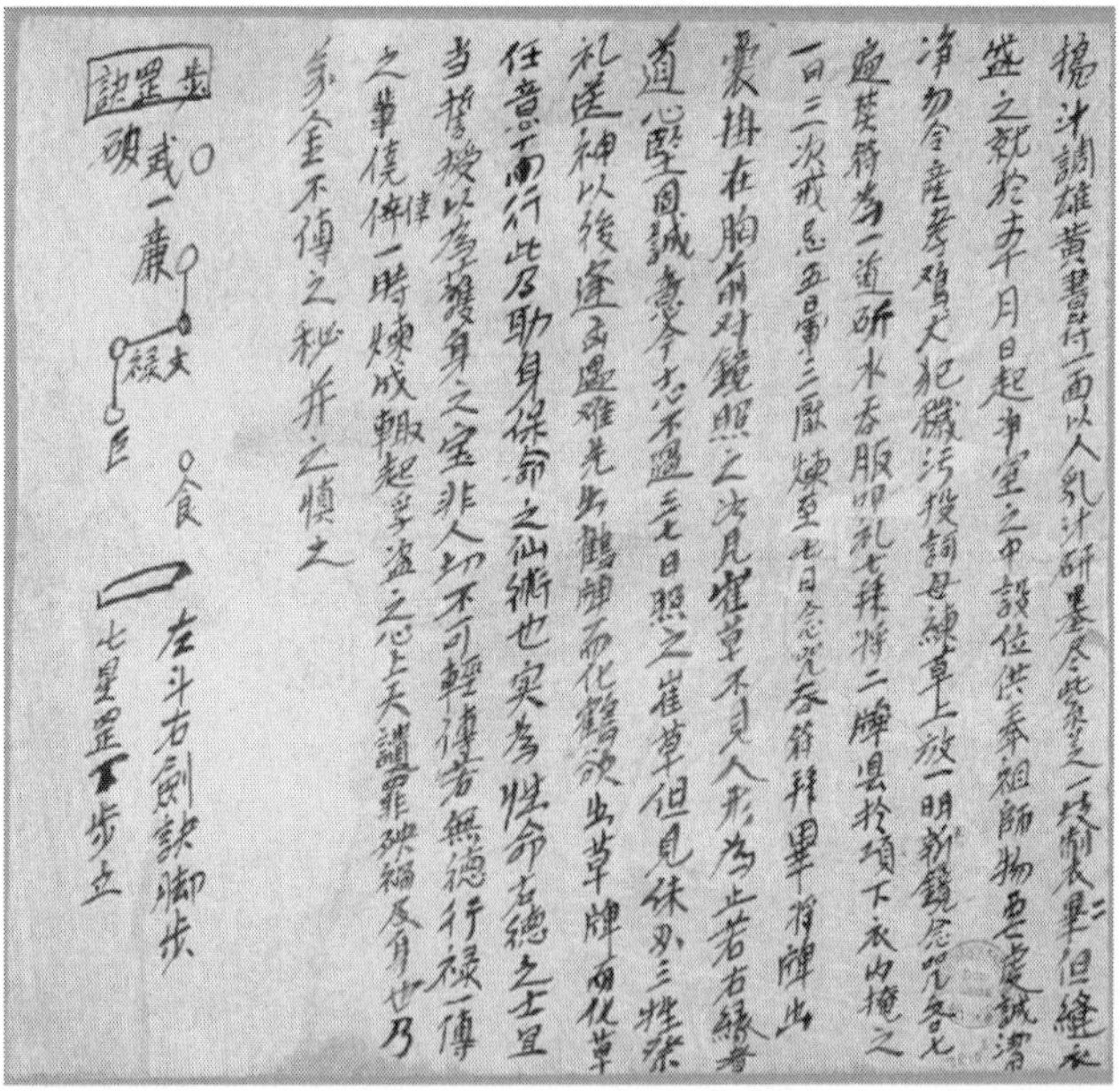

二枚目

【参考】伯三八一〇

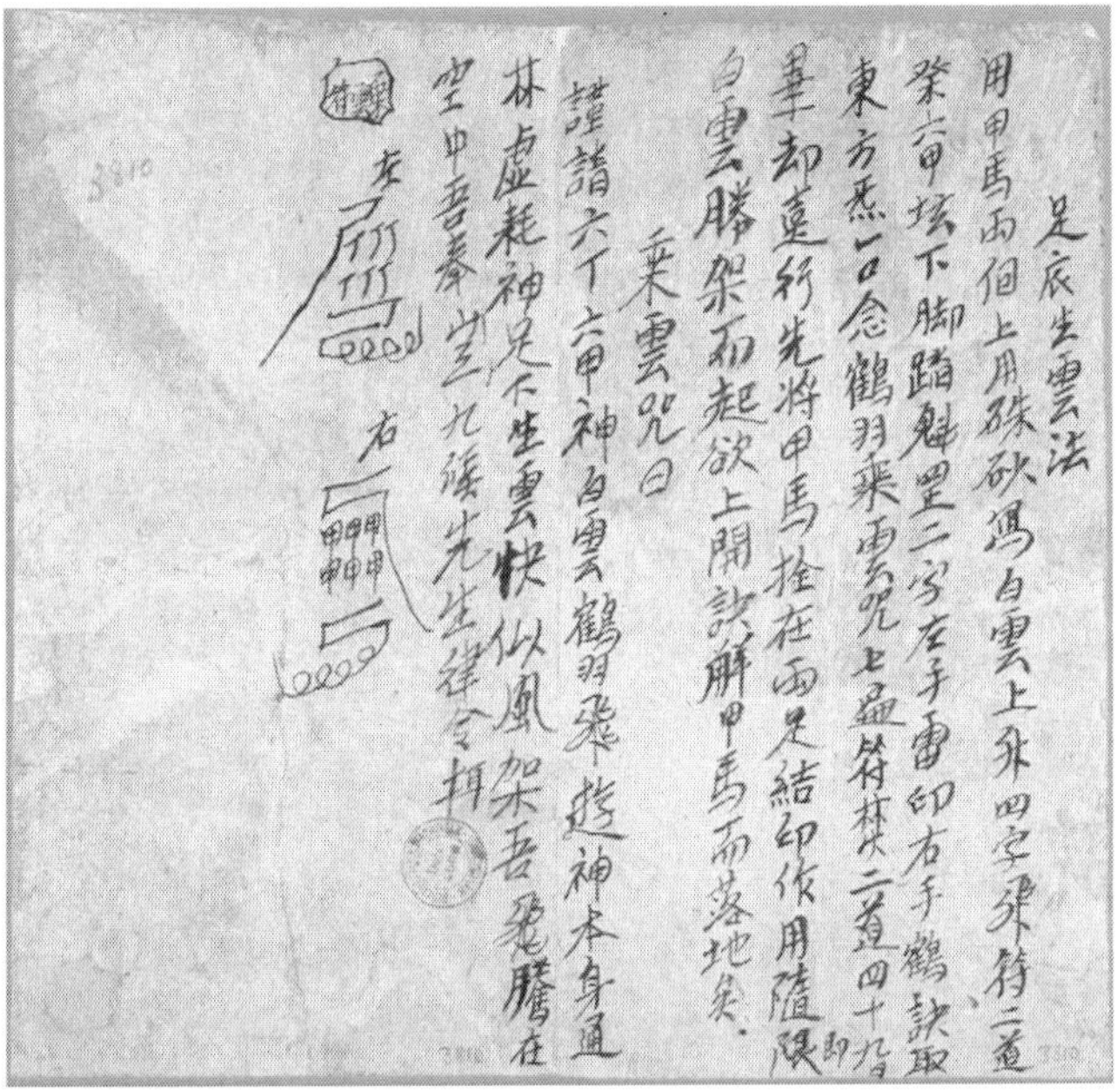

足底生雲法
用甲馬兩個上用硃砂寫白雲上升四字并符二道
癸亥日壇下脚踏魁罡二字左手雷印右手鶴訣取
東方炁一口念鶴羽乘雲咒七遍符焚二道四十九
畢却蓮行先將甲馬拴在兩足結印作用隨限
白雲勝架而起欲上開訣解甲馬而落地矣
乘雲咒曰
謹請六丁六甲神白雲鶴羽飛遊神本身通
林虛耗神足下生雲快似風架吾飛騰在
空中吾奉九天先生律令攝
左　　右

十枚目

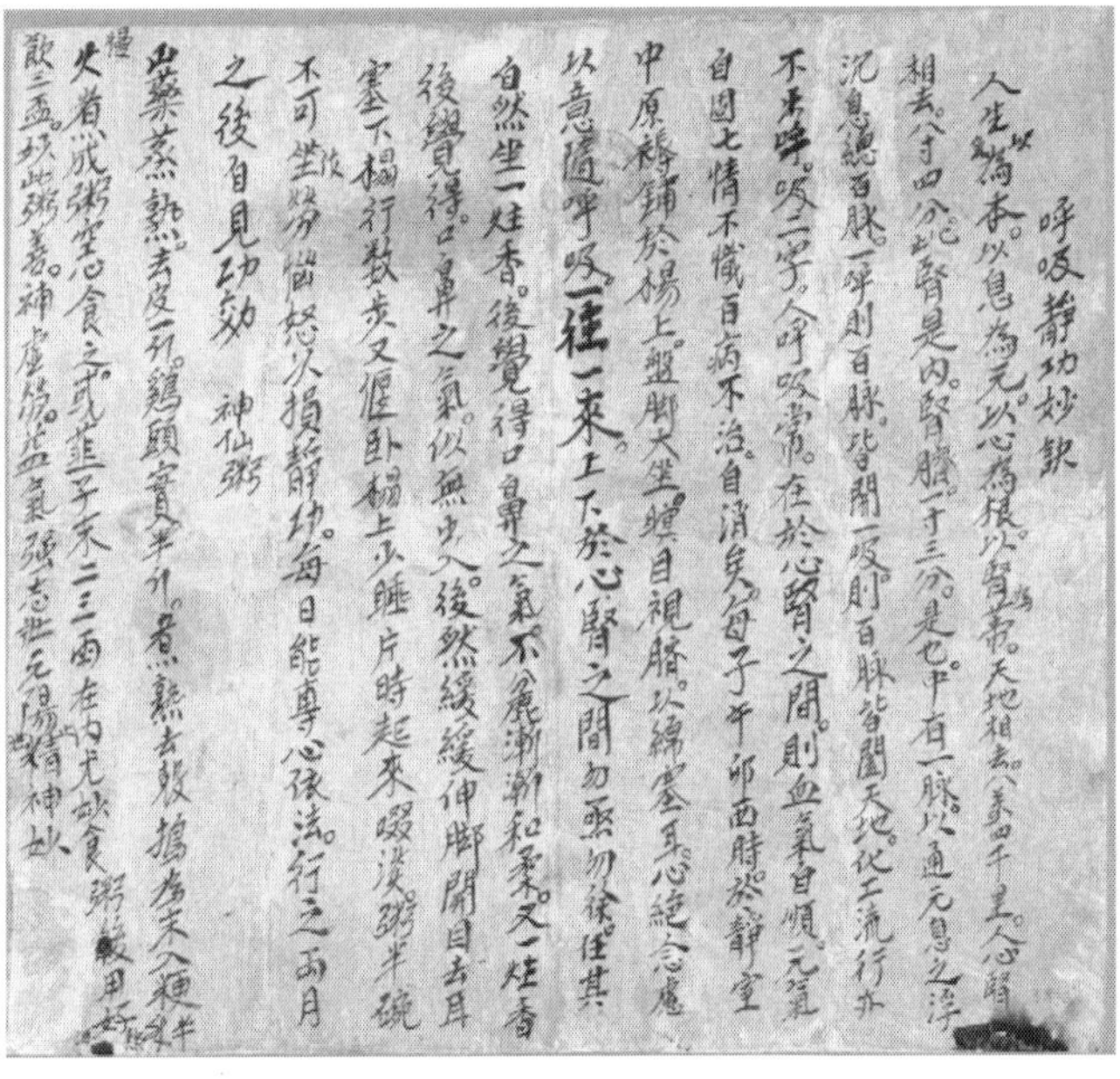

呼吸靜功妙訣
人生以氣為本。以息為元，以心為根，以腎為蒂。天地相去八萬四千里，人心腎
相去八寸四分，此腎是內腎，臍下一寸三分是也。中有一脈，以通元息之浮
沉，息總百脈，一呼則百脈皆開，一吸則百脈皆闔。天地化工流行，亦
不出呼吸二字。人呼吸常在於心腎之間，則血氣自順，元氣
自固，七情不熾，百病不治自消矣。每子午卯酉時，於靜室
中，厚褥鋪於榻上，盤脚大坐，瞑目視臍，以綿塞耳，心絕念慮，
以意隨呼吸一往一來，上下於心腎之間，勿亟勿徐，任其
自然。坐一炷香，後覺得口鼻之氣不麤，漸漸和柔。又一炷香
後，覺得口鼻之氣似無出入，然後緩緩伸脚開目，去耳
塞，下榻行數步，又偃臥榻上，少睡片時，起來啜淡粥半碗。
不可作勞惱怒，以損靜功。每日能專心依法行之，兩月
之後自見功效。　神仙粥
山藥蒸熟去皮一斤，雞頭實半斤，煮熟去殼搗為末，入粳米半升，慢
火煮成粥，空心食之。或韭子末二三兩在內，尤妙。食粥後用好熱酒
飲三盃，妙。此粥善補虛勞，益氣強志，壯元陽，止泄精，神妙。

十一枚目

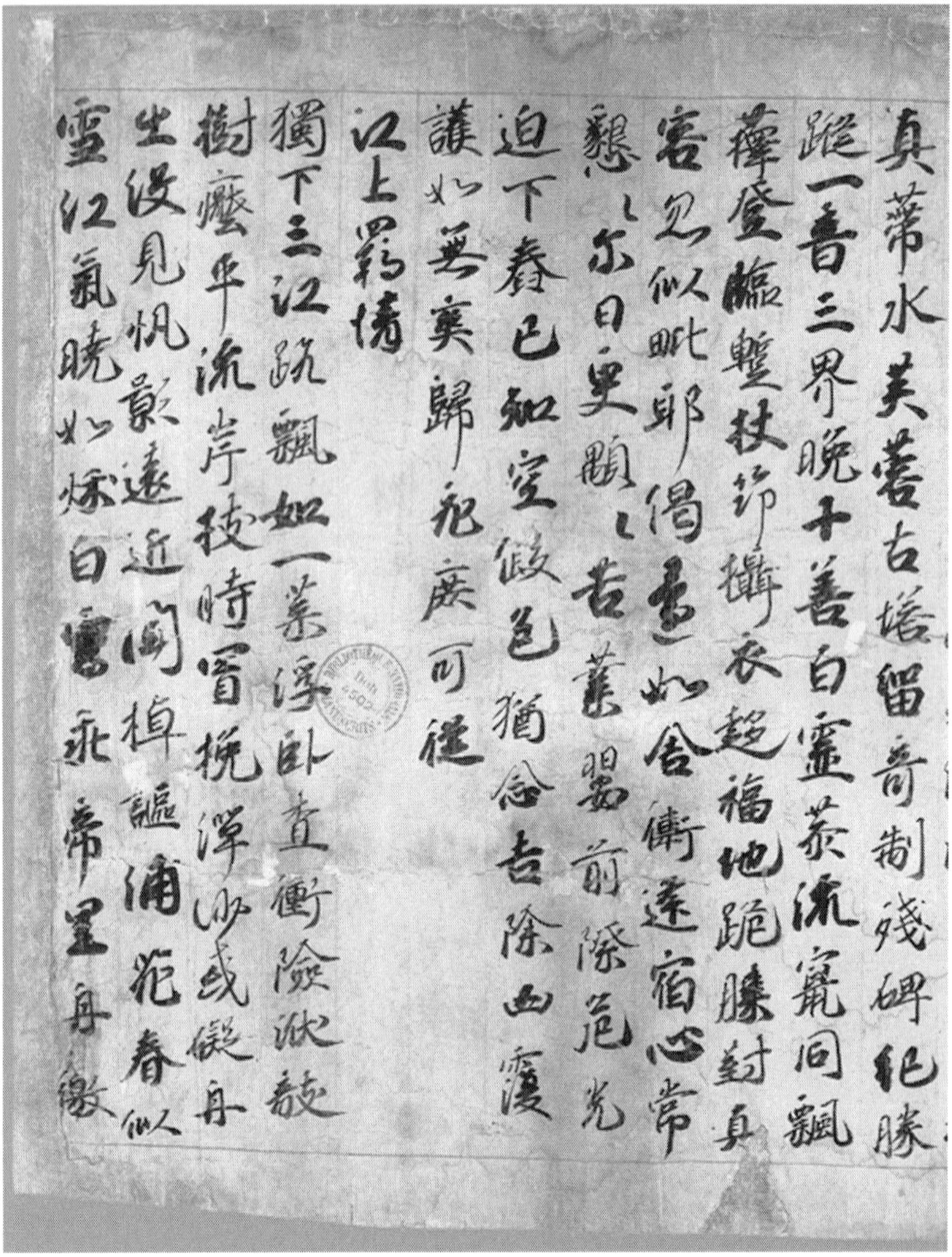

【図十七】伯二六七三（末尾）

【図十八】伯四〇六九

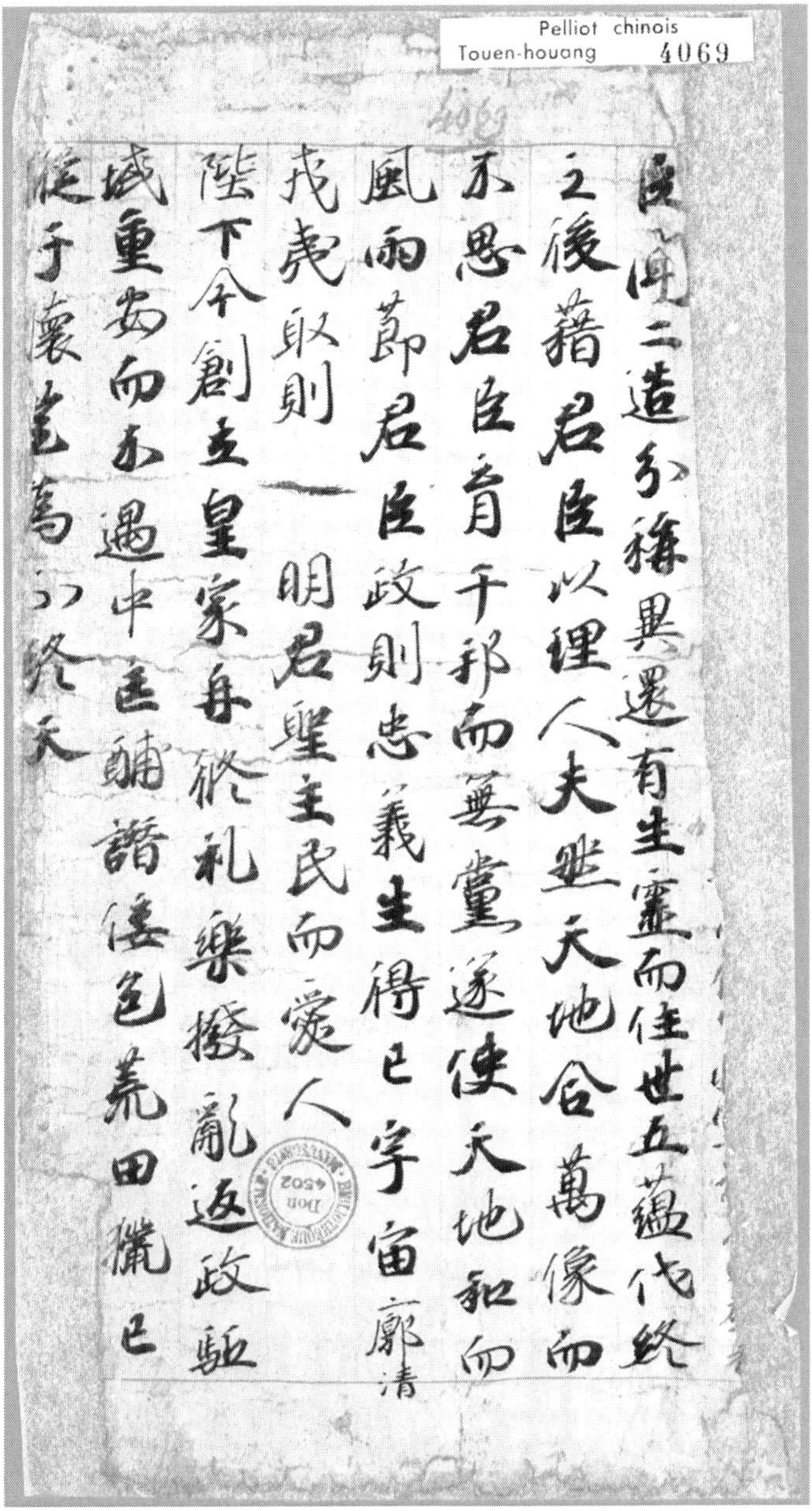

【参考】伯二六七三

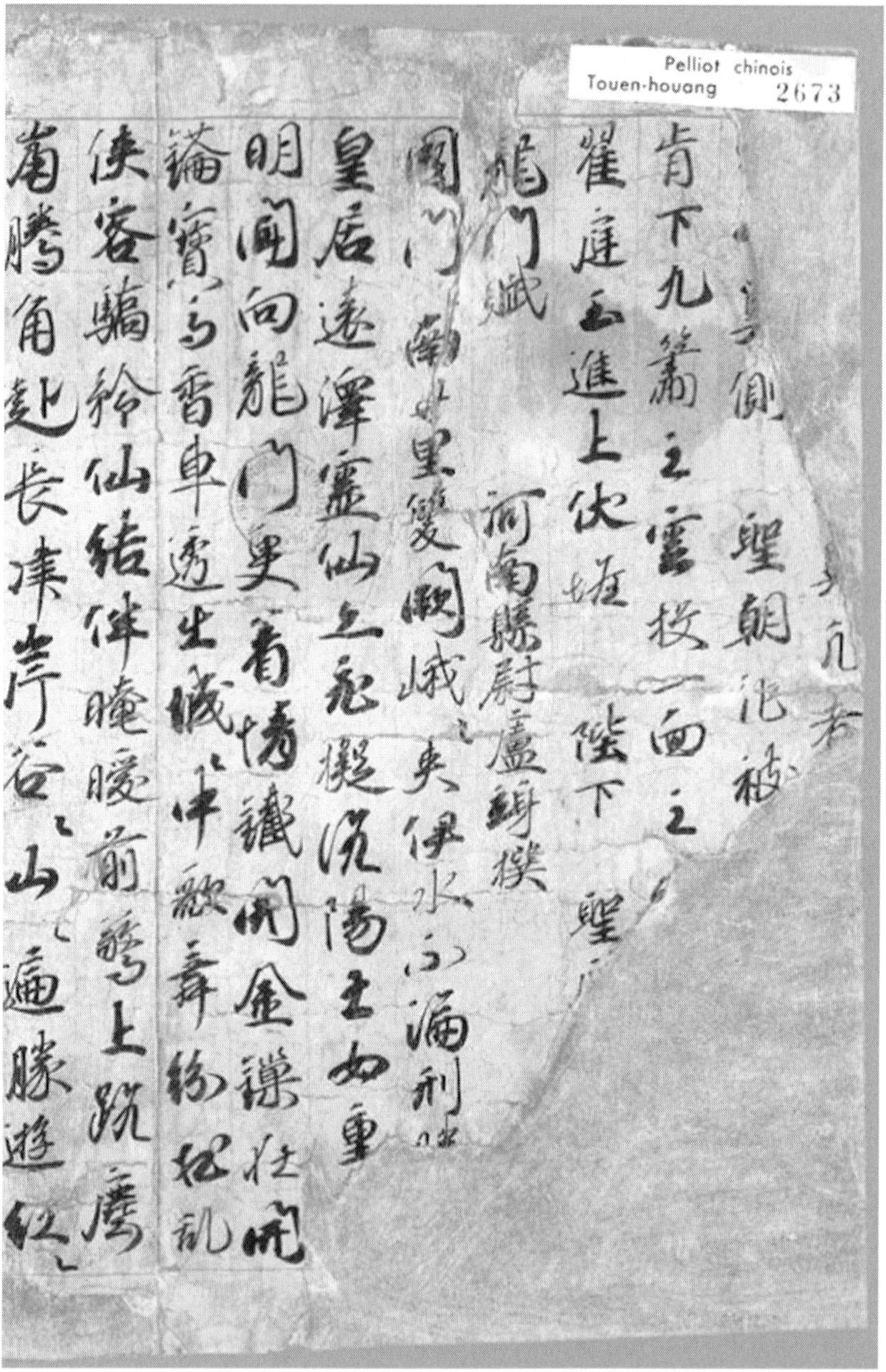

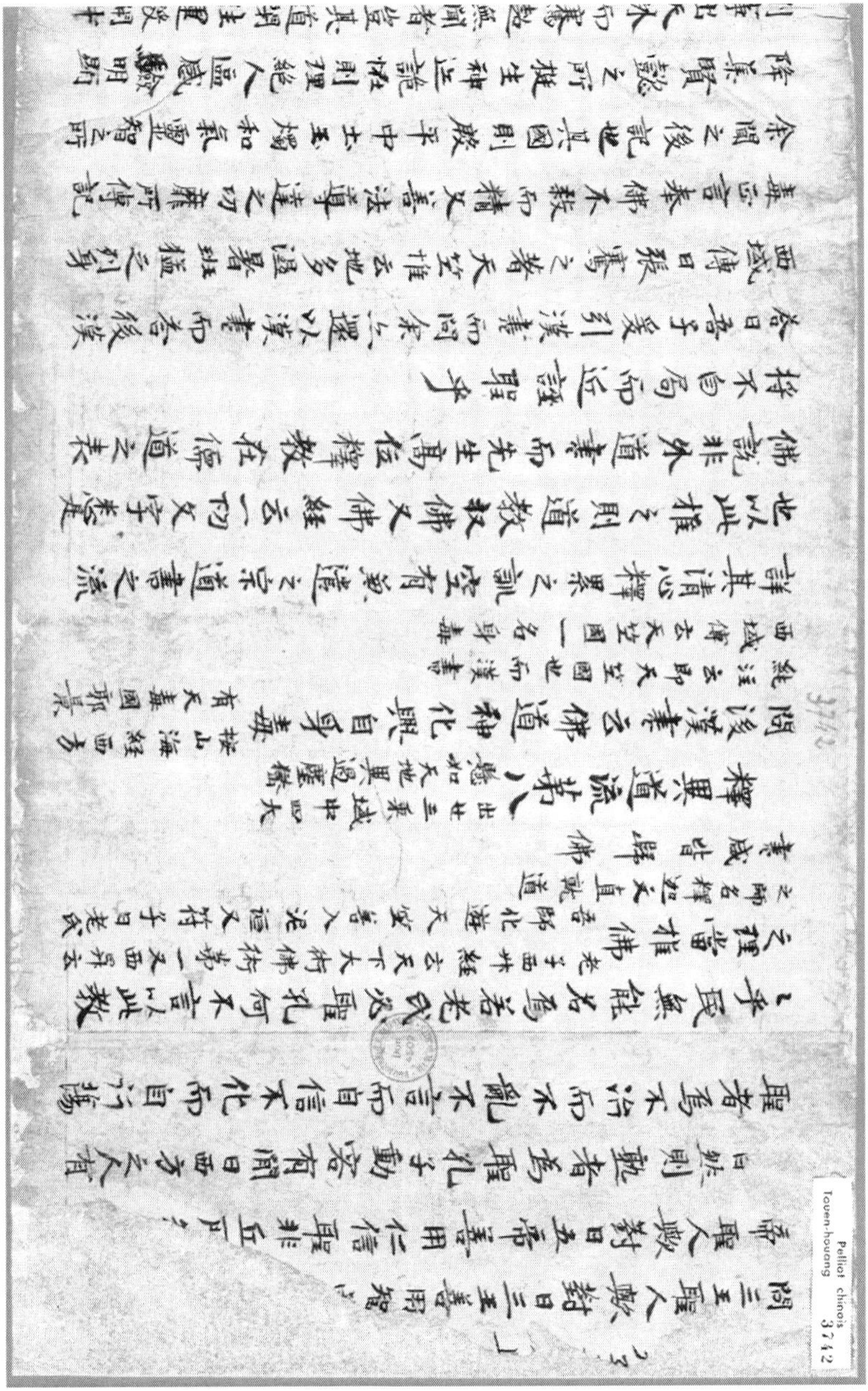

【図十九】伯三七四二

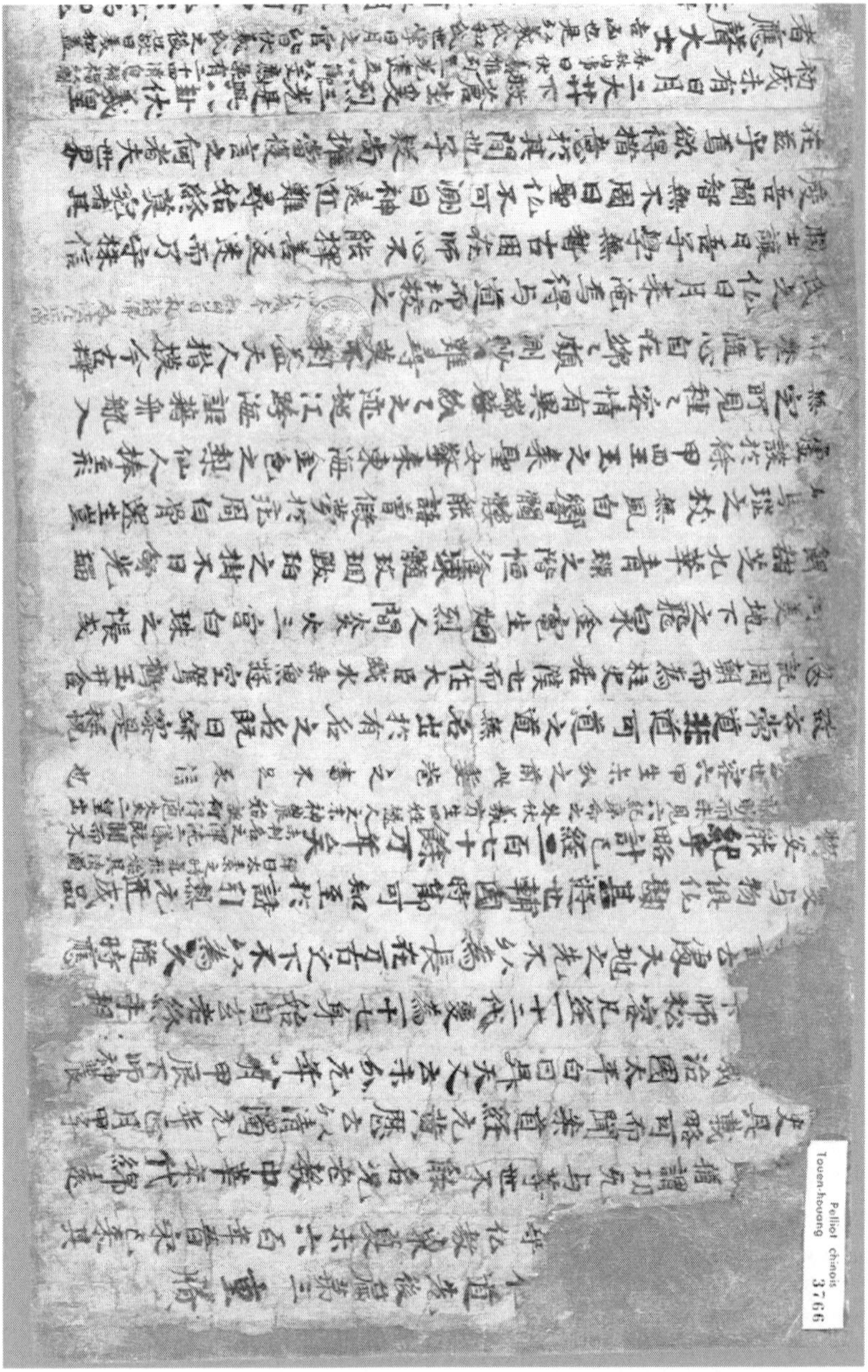

【図二十】伯三七六六

【執筆者紹介】（執筆順）

高田時雄	委嘱研究員・復旦大学　歴史学系特聘教授
篠原啓方	研究員・関西大学　文学部准教授
岩尾一史	非常勤研究員・京都大学白眉センター人文科学研究所特定准教授
山本孝子	非常勤研究員・京都大学国際高等教育院　非常勤講師
森部　豊	研究員・関西大学　文学部教授
玄　幸子	主幹・関西大学　外国語学部教授

関西大学東西学術研究所研究叢書 第3号

中国周辺地域における非典籍出土資料の研究

平成29（2017）年2月20日　発行

編著者　玄　　幸子

発行者　関西大学東西学術研究所
〒564-8680　大阪府吹田市山手町3-3-35

発行所　株式会社　ユニウス
〒532-0012　大阪府大阪市淀川区木川東4-17-31

印刷所　株式会社　遊文舎
〒532-0012　大阪府大阪市淀川区木川東4-17-31

ISBN978-4-946421-51-8 C3020

Studies of Non-Classical Materials Excavated in areas adjacent to China

Contents